【中国人格读库】

国家新闻出版广电总局

培育和践行社会主义核心价值观主题出版重点出版物

墨 子

论君子行兼爱交利

高占祥　主编

周殿富　选注

北京时代华文书局

图书在版编目（CIP）数据

墨子论君子行兼爱交利/周殿富选注． -- 北京：北京时代华文书局，2015.7
（2022.3 重印）

（中国人格读库 / 高占祥主编）

ISBN 978-7-5699-0339-3

Ⅰ．①墨… Ⅱ．①周… Ⅲ．①墨家②《墨子》－研究 Ⅳ．① B224.5

中国版本图书馆 CIP 数据核字（2015）第 145185 号

墨子论君子行兼爱交利
Mozi Lun Junzi Xing Jian'ai Jiaoli

主　　编 | 高占祥
选　　注 | 周殿富

出 版 人 | 陈　涛
责任编辑 | 邢　楠
装帧设计 | 程　慧　赵芝英
责任印制 | 訾　敬

出版发行 | 北京时代华文书局 http://www.bjsdsj.com.cn
　　　　　北京市东城区安定门外大街 138 号皇城国际大厦 A 座 8 楼
　　　　　邮编：100011　电话：010 - 64267955　64267677
印　　刷 | 三河市嵩川印刷有限公司　0316 - 3650395
　　　　　（如发现印装质量问题，请与印刷厂联系调换）
开　　本 | 787mm×1092mm　1/16　印　　张 | 10.75　字　　数 | 102 千字
版　　次 | 2016 年 1 月第 1 版　印　　次 | 2022 年 3 月第 3 次印刷
书　　号 | ISBN 978-7-5699-0339-3
定　　价 | 39.80 元

社会主义核心价值观与中国人格

周殿富

社会主义制度在中国已经建立了六十余年，而我们党则在本世纪初叶提出了培育弘扬社会主义核心价值观的重大课题，显然是其来有自。

社会主义的道德风尚在新中国蔚然兴起，曾经那样地风靡于二十世纪中叶。邓小平同志曾经在改革开放中讲过，当年"这种风气不仅是中国历史上从来没有过的，而且受到了世界人民的赞誉"。然而可惜的是，这个在社会主义制度建立与实践中，同步兴起的社会主义道德风尚的成长道路，却是一波四折。半个多世纪以来，它先是与共和国一道遭受了十年"文革"的浩劫；接着便是全党工作重心转移到改革开放进程中，欧风美雨"里出外进"的浸洗濡染；再接着是西方"和平演变"在东欧得手的强烈震荡与冲击；最后又是市场经济中那两只"看不见的手"在搅动着、嬗变着人们的价值取向。至少在国民中出现了价值观上的多层次化，传统美德的弱化，社会道德文明水准的退化，光荣革命传统的淡化，这也许正是中央在本世纪初提出社会主义核心价值观的原因吧。

不管怎么"变"，怎么"化"，当我们回首来时路，却不能不说，中华民族真的很强大，很值得骄傲。人类经历了几千年的文明进程，堪称世界文化之源的"五大文明古国"，其他四大古国文明都已被历史淘汰灭亡，只有中国成了唯一的延续存在。近现代即使那般的积贫积弱，被西方列强豆剖瓜分、弱肉强食，想亡我中华都不可能，就连最强大的美帝国主义，最凶残的日本军国主义都成为我们的手下败将，而且打出了一个新中国，且跨过整整一个历史阶段，直接进入了社会主义。西方敌对势力几十年不遗余力地对新中国百般围剿，"冷战""热战""和平演变"手段用尽，连如此强大的前苏联乃至整个苏东阵营都被瓦解了，而社会主义的旗帜仍旧在960万平方公里的土地上高高飘扬，而且昂首挺胸地屹立在世界的东方，中国真的是太强大了。几十年来的瞩目成就，竟然令西方发出了"中国威胁论"。你管他别有用心也好，言过其实也好，总比让别人说我们是"瓷器"，是"东亚病夫"好吧？1840~1949年的一百零九年间，中国尽受别人的欺负、"威胁"了，我们也能让那些昔日列强有点"威胁感"，又有什么不好？更何况这是他们自己说的啊！我们并没吹嘘，也没有去做。几千年来我们侵略过谁呢？"反战""非攻""兼相爱，交相利"，中国古有墨子，近有周恩来、邓小平同志。这也是中华民族固有传统美德的延续吧！

生于忧患，死于安乐，这也当是中华民族的一个传统美德吧？几十年来尽管中国如此繁荣兴旺，但从邓小平生前一直到党的"十八大"以来，无论哪一届中央领导集体，从来都没有忘记过国之忧患。忧在何处，患在何处呢？

二十世纪八十年代末，邓小平同志曾经在半年的时间内四次提到：中国改革开放十年最大的失误在教育，在"对青年的政治思想教育抓得不够""对人民的教育不够"，足见他的痛心疾首。他晚年时又提到了"国格"与"人格"的问题，讲道："谈到人格，但不要忘记还有一个国格。特别是像我们这样第三世界的发展中国家，没有民族自尊心，不珍惜自己民族的独立，国家是立不起来的。"

（精装版《邓小平文选》第3卷331页。）

人们很少注意到邓小平的这一段话，但邓小平恰恰是在这里把"国格""人格"提升到了事关"立国"的高度。

那么，什么是我们社会主义的"国格"呢？邓小平讲得很明白："民族自尊心""民族的独立"。

新中国一路走来，我们最大的尊严便是完全靠"自力"，靠"艰苦奋斗"，而达"更生"之境。对西方敌对势力的"冷战""热战""和平演变"，我们何曾有过屈服？也正是在这一前提下，我们才有真正的"民族独立"。这就是我们的国格。那么什么是我们中国人的人格呢？邓小平同志在这里没有讲，但他在1978年4月22日召开的全国教育工作会议上的讲话中，在讲到我们的教育培养目标时，至少提到与社会主义人格相关的各个方面：革命的理想，共产主义的品德，勤奋学习，严守纪律，艰苦奋斗，努力上进，爱祖国，爱人民，爱劳动，爱科学，爱护公共财产，助人为乐，英勇对敌，集体主义精神，专心致志地为人民工作，等等。这里的哪一条不属于社会主义人格的范畴呢？

2006年党的十六届三中全会，第一次提出了"建设社会主义核心价值体系"的历史性命题和战略任务。2007

年，胡锦涛同志在"6·25"讲话中又具体提出这个"体系"包括四个方面的内容：①马克思主义的指导思想；②中国特色社会主义共同理想；③以爱国主义为核心的民族精神和以改革创新为核心的时代精神；④社会主义荣辱观。这四个方面，一是信仰，二是理想，三是精神，四是道德文明，哪一个不在社会主义人格的范畴之内呢？党的十七届六中全会又提到了社会主义核心价值体系是"兴国之魂"。

2012年11月，在党的"十八大"上又用"三个倡导"把社会主义核心价值观概括为十二项：①倡导富强、民主、文明、和谐；②倡导自由、平等、公正、法制；③倡导爱国、敬业、诚信、友善。而且中办文件又把这"三个倡导"分为三个层面：第一个"倡导"的四项，是国家层面的价值目标；第二个"倡导"的四项，是社会层面的价值取向；第三个"倡导"的四项，是公民个人层面的价值准则。实际上前两个"倡导"的八项都是属于"国格"范畴，而第三个"倡导"是属于"人格"范畴。

那么，我们怎样才能在前面讲到的那些历史嬗变中培育建构起这个"核心价值观"呢？中共中央政治局的第十三次集体学习，似乎很明确地回答了这个问题。

新华社北京2014年2月25日电讯称：中央政治局在2月24日，以弘扬社会主义核心价值观，弘扬中华传统美德为内容，进行了集体学习，习近平总书记在主持学习时强调：

培育和弘扬社会主义核心价值观必须立足中华优秀传统文化。牢固的核心价值观，都有其固有的根本。抛弃传统、丢掉根本，就等于割断了自己的精神命脉。博大精深的中国优秀传统文化是我们在世界文化激荡中落稳脚跟的根基。中华文化源远流长，积淀着中华民族最深层的精神追求，代表着中华民族独特的精神标识，为中华民族生生不息、发展壮大提供了丰厚滋养。中华传统美德是中华文化精髓，蕴含着丰富的思想道德资源。不忘本来才能开辟未来，善于继承才能更好创新。对历史文化特别是先人传承下来的价值理念和道德规范，要坚持古为今用、推陈出新，有鉴别地加以对待，有扬弃地予以继承，努力用中华民族创造的一切精神财富来以文化人，以文育人。

习近平总书记的这段论述相当精辟，对于如何培育建构社会主义核心价值观问题从四个方面剀切明白。

第一，他明确指出要在中华优秀传统文化的基础上，来构造我们的社会主义核心价值观，而不能割断历史。这一条十分重要，否则我们便会失去我们的本来面目，便会成为无源之水，也就无法走向未来。

第二，指出了中华传统美德是中华文化精髓，蕴含着丰富的思想道德资源。这就为我们揭示了社会主义核心价值观，要以弘扬优秀的中华传统美德为基础。

第三，他指出，对传统文化在扬弃中继承，在继承中创新。这就是说，社会主义核心价值观的内涵，既要有优良传统的文化精神，也要有时代精神，是二者的有机结合。

第四，他指出要用中华民族创造的一切精神财富，来化人育人。这就是说，弘扬中华民族文化，并不只是传承儒学那些道统，而是要弘扬全民族共创的优秀传统文化。同时也就是说，培育、弘扬社会主义核心价值观的根本目的是化民、育人。

尤其值得瞩目的是，习近平总书记在这次讲话中提到了一个"中华民族独特的精神标识"问题，而在同年的全国组织部长会议上又提出我们再也不能以GDP论英雄的思想。让人欣慰的是，思想道德文化建设终于被提升到一个民族的标识地位，这至少表明中国人的思想观念，并不落伍于世界潮流。

并不受人欢迎的亨廷顿生前给他的祖国提出的警示忠告，竟是如何弘扬他们没有多少历史和文化的"传统文化"："盎格鲁新教精神——美国梦"，以此为国家的"文化核心"问题。他讲道："在一个世界各国人民都以文化来界定自己的时代，一个没有文化核心而仅仅以政治信条来界定自己的社会，哪有立足之地？"所以，他提醒他无限忠于的祖国，一定要巩固发扬他们自入居北美以来，在新教精神基础上形成的"美国梦"理念的"文化核心"地位，这样才能消解这个国家的民族与文化双重多元化的危机。为此，他甚至预言美国弄不好会在本世纪中叶发生分裂。而且他公开预言不列颠大英帝国也会因民族与文化多元化的问题，导致在本世纪上半期发生分裂。

西方的一些专家学者们也十分强调国家民族文化的地位问题，柏克说："全世界的人根据文化上的界限来区分自己。"丹尼尔同样说："保守地说，真理的中心在于，对一个社会的成功起决定作用的是文化，而不是政治。开明地说，真理的中心在于，政治可以改变文化，使文化免于沉沦。"这些语言也可能有它们的局限性与某种非唯物性，但至少可以让我们看到那些发达的资本主义国家在想什么，至少与马克思主义经典作家们，关于意识形态并不总是消极被动地接受它的经济基础的论断并不相悖。

中国显然具有世界上最悠久的民族文化，同时显然也拥有世界上最强大的政治优势。新中国包括它直接进入社会主义的经济形态，以及其后的一次次经济变革，哪一次不是靠政治力量在强力推动呢？它当然同样拥有让我们几千年的民族文化"免于沉沦"的能力。有学人认为我们的民族文化早就被以往一次次的历史性灾难割裂了，这个看法显然都是毫无道理的。但我们当下却确实面临着"两个传统"失传失统的危险。中国的传统文化与优秀的民族美德，在当代国民中还有多少传承？老一代中国共产党人用生命与鲜血铸就的光荣革命传统，在党内还有多少"光大"？我们现在全民族的"核心文化"到底在何处？"社会主义核心价值观"的提出不仅符合世界潮流，也是使我们优秀的民族文化得以传承而不发生历史断裂的根本保证。富和强永远都不是一个民族的标志，哪个国家不可以富，不可以强？但能代表中国"这一个"本来面目，具有自己民族特色的，唯有中华民族的文化，能代表中国人形象的只有中国独具的道德人格。什么是人格？人格就是原始戏剧中不同角色的本来面目。

综上所述，我们是不是可以这样认为，社会主义核心价值观应内含如下的成分：中华民族传统文化中的优秀传统美德；中国人民近现代反帝反侵略反封建的爱国主义、斗争精神与中国共产党领导下形成的几十年光荣革命传统；中国化了的马克思主义有中国特色社会主义的共同理想；与"中国梦"远大目标相适应的时代精神。由这些内涵构成的社会主义核心价值观，用它来干什么呢？用习近平总书记的话来说就是"化人""育人"，把它再具体化一下，无非是打造能体现中华民族特色，代表中国形象的国格、人格。在思想道德层面上，一个国家的民族精神也只有在人的身上才能体现，所以我们依据社会主义核心价值观的基本要求，针对当代青少年的实际情况，策划了《中国人格读库》这样一套大型系列选题。

本套书承蒙全国少工委、中华文化促进会、团中央中国青年网三家共同主办推广，并积极提供书稿。难得高占祥老前辈热情出任该套书的编委主任，且高占祥同志不辞屈就加盟主创作者队伍。一些大学、中学教师与青年作者也积极加盟此套书的编写。该选题被国家新闻广电出版总局列为2014年全国社会主义核心价值观重点选题，在此一并鸣谢。

希望本套书的出版能为社会主义核心价值观的培育与弘扬，为促进青少年的道德人格养成起到积极的作用。欢迎广大读者与作家对不足之处批评教正，多提宝贵建议与指导意见。

谨以此代出版前言并序。

二〇一四年十月

于北京时代华文书局

目录

伟大的平民思想家与天才"科圣"

墨翟，世人多知其为先秦诸子中的一子，曾一度居于和儒家分庭抗礼的"百家"之首，但很少有人知道他曾被毛泽东称为古代辩证唯物主义的大家。他的形式逻辑——"墨辩逻辑"，曾被爱因斯坦称为一奇，并因其在物理学方面的研究被称为是牛顿惯性定律的先驱，而李约瑟则盛赞他的光学方面一系列的研究实验与发现，远先于希腊。再加之其在数学、几何学、几何光学、机械制造方面的探索与技巧，因而被誉为中国古代"科圣"。而对他最高的评价似乎是当代著名学者称他一个人就相当于全希腊。

但在中国，墨子的历史命运并不怎么样。在先秦时代他就备受攻击，自秦汉以降便已在官方市场上衰微泯没。但一直到近现代，在学界从未中断过对他的研究，而且受到西方许多大科学家、大学者的青睐。但国人自古总有不少非议，要么在伦理上攻击他的学说无君无父，要么说他的著述缺少文采，要么就不分皂白地说他的思想缺少深厚的理论基础。甚至有些无知者说他的东西空泛。

中国人有妄自尊大而无视世界的历史痼疾，但现当代不知又有多少妄自菲薄之论。

如果我们认真深入地去拜读一下墨子留存下来的有限作品，就会发现，他的学说，确实少于华丽的文采，但须知，他的作品既非文学，又非经院哲学。他从不坐而论道空谈，去咀嚼那些无用的文字而津津有味。这恰恰正是他卓越独立于诸子之林的优良之处。而生于那样一个政治上四分五裂、诸侯争鸣，思想文化上"百家争鸣"、各抢风流的时代，能够低下头来面向实际地去研究探讨解决问题的思想，把自己的理性触角伸向他所能深入的方方面面。以至于他的许多想法不但至今仍有实用之处，而且仍具有国际影响，这正是他的伟大之处。

他的思想不是为了给那些种种不同的当世的"家"们看的，不只是和他们争论孰是孰非，而是以怎样去解决实际问题为学问宗旨。他不仅用自己的思想理想与战术解决了自己的祖国宋国免受楚国侵略的战争之害，并劝阻了鲁国的阳文君攻打郑国，而且直接传授众多弟子，形成了一个"墨教"，成为足与当时儒派分庭抗礼的一门显学。尽管他对儒家的诸多观点都持有不同的看法，但并不反对伦理首先仁义这些基本信条。最根本的分歧则在于儒家宣扬的是儒学的"道统"与"王道君统"，而墨子学派的基本观点则是"天志"，以天为仪法的"天统"。儒家也论述天道，但与墨家的"天志说"是根本不同的。所谓"天志天统"，就是讲：人们都认为君主是最高统治者，而不知还有天在统治着君主。所以一切都要按天的愿望、意志来统治。那么天意是什么？就是要天下人都共同"兼相爱"而不仇攻，"交相利"而不相害。而所谓仁政无非就两件事：兴利、除害。与人有利的就进行，与人不利的就停止。天下人无论贫富、贵贱，国无论大小、强弱，都一样平等，不相欺凌。而且在各方面都提出了有利民生，有利于大众的政治观点与生活主张。所以人称之为平民思想家。

对于他的具体学说以及古人今人对其种种评价都不赘述，还是读他的原文为好，本书中虽然选录的是他关于士君子的论述，但同时兼顾了他的主要思想。下面我们还是了解一点他的生平，也许会对我们加深理解他的主张有所帮助。

墨子，名墨翟，活动于公元前470年至公元前370年之间，这是东周的春秋与战国两个时期的过渡期间。他出生于宋国的贵族后裔，而且是宋襄公的庶兄目夷的后人。墨子虽是宋国王公贵族出身，但家道早就衰落，沦为平民，他的个人成分是农民。由农民而成百家中的翘楚者，在那个时代是唯一。他少年时代做过牧童，学过木工，十分聪明，心灵手巧，而且具有多方面的天赋。再加之本人的努力钻研、勤奋好学，终于取得了多方面的成就。

在学术成就上人们多称他为哲学家，其实认真拜读一下他的著述，称他为一个政治思想家似乎更为贴切。他与老庄孔孟都不同，并不热衷于道家、儒家的学统概念范畴的推究，似乎他的所有思想都面对的是东周当时的政治生活、经济生活、大众社会生活的实际问题。所以他谈的都可以列入政治方策这个大范畴。他的所有学说都建立在当时社会现实与对儒家一些思想的批判中。而且他十分重视于对世界上种种物理、光学现象的观察研究，对自然现象十分感兴趣。

他早年曾是儒家学子。他从不反对二帝三王的王道治术，在这一点上他与儒家从未有不同，而不像庄子从根本上与儒家分道扬镳。但他看不上儒家那套烦琐奢靡的礼、乐制度，不是个人喜好的深恶痛绝，而是认为这些东西既误国，浪费国力民财，又害人，是必除的大害。虽然因此而遭受到攻击，但他死不改悔，而是从上古各代圣王与亡国之君、之事中引经据典地批判儒家的厚葬、久丧、奢于礼乐的东西，认为都是"背周道而行夏政"的大害，所以他提出了节用的"五节说"，简葬节哀的一套思想。就是今天看来，都不失其美政思想的光采。而兼爱、交利、求同、非攻、尚贤、举能等思想都是利国利民的。尽管他的这些思想，不可能为那个行"霸道"的时代所接受，与孔孟落得同样的命运，但他的思想仍具有极大的人性、平民性、真理性。而可悲的是在那个时代越有真理性的东西，便在当世越没有路可走。墨子既然创立了自己的学说，便要把它传播开来，用来改造人与社会。于是他便自立门户，一方面四出讲学，一方面广收徒众，所以不但使自己的学说成为了"非儒即墨"的显学，而且培养出一大批弟子，至少有数百人之多；不但形成了强大的墨家学派，而且进化为了一个宗教式的"墨教"团体。

这个团体的成员是文武兼备，有自己的组织形式与纪律。最高负责人不称"先生""老师""夫子"，而称"巨子"，成员则称为"墨者"，着装都是短衣、草鞋，都要参加劳动，并以为荣，而且对群体绝对忠诚，直至"赴汤蹈火，在所不辞"，而不像儒家学派的人都须讲究儒装，也不去劳动。群体的全体成员都要听从巨子的指挥，凡是违背了群体的"教规"——"墨子之法"，是要受处罚的，而且有死刑。在墨子死后，"墨教"大本营或分支很可能是迁到了秦国，当时"教主"名字叫作腹䵍，他的独生子犯法杀人应处死刑，但秦惠王认为腹䵍已经年老又只有这一独子，就不允许处以死刑。但腹䵍却说道《墨者之法》规定："杀人者死，伤人者刑"，自己坚持把独生子处以死刑。此时的"墨教"教主已换了几任巨子，而内部执法仍如此严明，可见这个组织的严密性与纪律性。所以，这个组织不但传授学业，而且特别能战斗。在楚国贵族阳城君等人发动事变杀害变法的吴起时，楚国要逮捕阳城君，阳城君弃城逃跑，当时追随阳城君的"墨教"第二任教主孟胜，竟然把巨子之位传给田襄子后，自己为阳城君而殉难，并有许多墨者自愿从死。我们先毋论是非，这一点也说明这个组织中人的三分侠义肝胆。

墨子生前曾经做过时间不长的宋国大夫。他还到过北方的齐国，中原的郑国、卫国，南方的楚国。而且楚惠王不但听信他的劝告，停止发动侵宋的战争，还要把楚国的书社封给他。越国的越王也封给他五百里土地请他去做官，他都不肯去。所以墨子曾经讽刺那些给官就做的儒者们，都不如慎于染布不乱投缸的商人。此人是十分重视个人操守的，他所反对的，自己绝不去做。这也是他这样一个农民出身的崛起者，为什么会拥有名满天下那么大声望与势众的一个很重要原因。

直到去世前，墨子仍有很大的势力与门徒，墨派不但与儒家齐名，甚至成为百家之首。在他去世后，"墨教"团体的势力仍很强大，但后来分为"三墨"：相里氏墨派、相夫氏墨派、邓陵氏墨派。发展到第四代巨子时代，大本营便转移到了秦国。自秦汉以降，官学独尊儒术，民间儒释道交叉并行，而墨学遂无显闻。

墨学的政治思想后世之所以不显，不为历代封建君主所接受，是最根本的原因。而历代官方不接受墨学的根本原因在于他的思想主旨"轻君轻官平等重民"——他不承认中国上古国家学说中的"君主建极说"，认为天子并不是最高的统治者；主张"官无常贵，而民终贱"；主张天下平等：国无论大小强弱，人无论贫富贵贱都兼爱相利，不相欺凌；反对官场上的一切腐败现象，主张一切当以天下百姓的生死存亡衣食苦乐为行止。这些思想肯定受老百姓欢迎，但无论是君主还是整个统治集团谁会接受呢？老百姓接受又能怎样呢？在几千年的历史中，老百姓除了默默地为生存而劳作、挣扎，再就是起义造反，他们何曾决定过什么呢？美国的现代政治学家丹尼尔讲过："政治可以决定文化，可以使文化免于沉沦。"这似乎是墨学后世不显的最好解释，而事实上政治又何止仅仅是在决定文化呢？

  称墨子为"伟大"，不只在于他的政治思想具有历史的进步意义，而在于他对中国、对世界文化的发展，都是一个大发明者、大贡献者。他不但在政治上反战，而且他具有相当出名的兵学事事思想；他的逻辑学思想"墨辩逻辑"，不但受到西方学者的赞扬，被称为与古希腊逻辑学等，共同称为古代世界的"三大逻辑体系"；他的"宇宙论"、在自己创设的时空论基础上建立的"运动论"、人们对世界的感知是由物体客观存在决定的一系列素朴见解，被毛泽东称为中国古代的辩证唯物主义大家。而且他在数学、几何学、物理学力学杠杆原理、"动"与"止"的系统研究方面，都被认为领先于世界，甚至被称为牛顿惯性定律的先驱。而他在光学方面的大量探索与见解，则被李约瑟称为比希腊的还早。而且他还在器械制造方面有相当的研究。以致他由此而被称为中国的古代"科圣"。他在这些方面的伟大发明与贡献，也只有科学家们来认定了。而可惜的是关于墨子的原始文献大多散佚，而仅我们所知，墨子便已足称伟大。在这套小丛书中，我们仅选录其有关君子道德相关的思想来与大家分享共赏。

周殿富

2015年5月于北京时代华文书局

一、难的事自己做，容易的让给他人

君子自难而易彼，众人自易而难彼。

——《墨子·亲士第一》

【直解】

难：艰难、复杂、困难、难题、危险。

自难：自己去承担那些难的。

易：容易、简单。

易彼：把容易的让给他人。

"众人自易而难彼"，因为人有趋利避害的本能。拈轻怕重、避重就轻，这是人之常情，作为个人本无可厚非。但人是社会性动物，在社会生活中如此，那就是一种不公平。那么我为什么要比他人去承重担难呢？是的，这也不公平。正为此，墨子才把这样做的人称为君子。君子之风，当有勇于担当的道义精神。

【绝非说教】

庄子的"盗亦有道"与耶稣的"舍己做万人赎价"

所谓的"君子之道"，最起码的一条，你得有勇于担当的道义精神。为什么说"起码"？因为强盗与耶稣都以此而拥众，那么，处于强盗与耶稣之间的君子就更应该做到了。

什么是"盗亦有道"，强盗的"道"又是什么？五个字：圣、勇、义、智、仁。你信吗？好，我们来看强盗怎么说。庄子的《盗跖》篇中如是说——

小盗问盗魁柳下跖："什么是盗亦有道呢？"盗跖说：第一，是圣道：当盗首你得知道大家要的是什么，这东西在什么地方；第二，是勇道：你要有首先破门而入的勇气；第三，是义道：退出时要走在后面，不计生死地保护大家；第四，是智道：你得知道实现计划怎么才可行，预知成功与失败的可能；第五，是仁道：成功得手后，分赃要匀。没有这五条。你是当不上盗首的。

是的，这是一种形而上的附会牵强，但却不是毫无道理。如果把盗的前提去掉，这五条可以做很好的领导者守则了。因为这五道的核心是公正无私而有担当。所以西方人讲：公正，连强盗都会因其而强大。而一盗群的首领，也只有履践好这五条，才能被大家拥戴为盗首老大。

强盗都能如此，那么正常人不更当能如此吗？而当途为官之人则更当是一个大担当者才行，否则是没人拥护你的。在社会群体、职场之上也是如此，你不君子，那就很难赢得认同。千万不要认为只有自己聪明，别人都傻。

基督教耶稣的信徒为什么那么多？就因为他也是个由自己一个人承受所有罪责苦难，来做万人赎价的大担当者。生于斯世，无论做人、做事、为官，都应有一种担当的精神，方可称君子。知难而退，见硬就躲，见便宜就上，无商无量，无谦无让，那就是小人，而且是近于"偷"的小人。那谁还会拥护你呢？非但君子，就是做人、居官，你也得有担当的精神和胆色才行，大家才会投给你林肯所说的"比子弹更有效"的选票。

二、君子重内修而不怨天尤人

先王之治天下也，必察迩来远；君子察迩而迩修者也。见不修行见毁，而反之身者也。此以怨省而行修。

——《墨子·修身第二》

【直解】

察迩：诸家训诂，其说不一，咬文嚼字，训来诂去，而离题愈远。

察迩来远：在此当指人若能治近自修，而远自来归服，人自德之。

见：诸家注、诂各执一词。

毁：受到非议、诋毁。

反之身：归于自身，在自己身上寻找不足。

这段话的大意是：君主治理天下，一定要先从近处治理，远处自治；从自身修为作起，他人自会修为。称为君子者则须既自知而又自修其身。其身不修而遭到诋毁时，不怨天尤人，而要从自己身上找原因。不是抱怨而是以自省的方式去修身补过，这才是君子的做法。

这种说法也是孔孟的"求（责）诸于人，莫若求诸于己"的看法，与荀子的治近不治远而远自治的说法是同出一炉的。

【绝非说教】

打破"精神病患者一生的谎言"

近代心理学研究认为：精神病患者一生的谎言，便是怨天尤人，永远把过错推到别人身上，以此来为自己姑息、慰藉、开脱。而有君子襟怀的人，永远是坦荡的人，永远会是推功揽过、成人之美而掩人之恶、容人之错而善于自我反省的。

自我反省是人类所特有的一种能力。只有找出自身的不足，才会有所进步，才不会两次摔倒在同一条河流的同一个地方，这也许是古人所以讲"智者不二过"的道理所在吧！

我们还是做一个人海波澜中的智者吧。为了别两次摔倒在同一个地方，凡事有不顺、不及还是多检讨自身的为好。你可以怨天，但你又能奈"天"以何呢？你也可以去尤人，但你又能奈人以何呢？徒增烦恼而已。若老是想不开放不下，小心会变成精神病噢！

三、君子得失的因果三定律

君子力事，日彊；愿欲，日逾；设壮，日盛。

——《墨子·修身第二》

【直解】

力事：努力，勤劳，不敢荒殆。

彊：强。

愿欲：安于嗜欲。

逾：远、弱。

设壮：庄敬。

此句意为君子之行，①努力作事便日增其强；②安于欲望的满足，便日有所损；③庄敬而不放肆自我，便会日有所盛大。这也是人成败得失之因果的三种定律吧。

男子汉的本分是"迸发太阳"

美国的历史学家说：娱乐是人类最后的杀手。而《罗马帝国衰亡史》则让人读出一种被大浴场泡倒了帝国城墙的味道。《周易》称：天行健，君子当自强不息；地势坤，君子当厚德载物。人若能做到"自强"、"厚德"，那便是大君子了。尔今，我们还剩下多少"力事"与"设壮"了呢？

爱默生讲：男子汉的本分是迸发太阳。但如今那么多小男人怎么都成了喷香抹粉、手捏兰花指、开口气若游丝太监味，娘娘腔，戏子般的"伪娘"了呢？"女子汉"就不说了，女人本来是用来尊重的，但人不自重，谁人重之？

什么叫"栽培"与"倾覆"

什么叫"栽培"？天道。

"栽者培之，倾者覆之"。一棵树长得直溜，老天就成全你，让你越长越高，这叫"栽培"；你长歪歪了，根子不牢，一阵风吹倒了，那就让尘土把你顺势埋掉，这就叫"倾覆"，好男儿真当自强。如今没人不会卡拉OK，那么就去跟何静学学那首《厚德载物》又何如？

四、君子之行有"四见"：
廉、义、爱、哀

君子之道也，贫则见廉，富则见义，生则见爱，死则见哀。四行者不可虚假，反之身者也。

——《墨子·修身第二》

【直解】

曹耀湘先生释"四行"为"贫则不贪于取，富则不吝于与，爱人之生，哀人之死。"

穷，并不光荣；富，也不是罪过

廉是一种美德，富也不能忘廉，官人于此就更是首要。但人来到这个世界上，并不是为了遭际贫穷而生的，"穷则思变"是一种志向，但"君子爱财，取之有道"。有违道义，一汤一饭不受；当之无愧，大义所归，天下可取。这是孟子的话。古人言"廉者不饮盗泉之水，志士不受嗟来之食"。人要活出尊严来，活得干净，有道是"人穷志不短"，"穷且益坚，不坠青云之志"。但可千万别钻钱眼里去，那个孔方兄可是杀人不眨眼的。人们常说：还怕钱咬手吗？差矣，它不但咬手，还索命夺魂。古往今来，人为财死的事并不鲜见，爬到国家领导行列中的人都不见廉，所以谁与见怜呢？我曾亲见一个被抄家者妻子儿女在寒夜中二目茫然、脸如死灰着实堪怜的场面，人真当慎于取，不义之财不可贪。

李斯在父子被押赴刑场时，不就叹道："想如当年在老家上蔡县时，牵黄犬出东门而猎都不可能了！"

穷，并不光荣。生于现代物质文明高度发达的社会，人自当俭约为本，但没有必要用装穷来伪廉，人总得活得体面一点，千万别学孔子的两个大弟子原宪与颜回，他们肯定都因营养不良才短命。西方的伊壁鸠鲁说：一块面包、一碗凉水就很快乐。那都是骗人的鬼话，他是最讲享受的，谁知他一日三餐都吃什么？人应该靠自己的勤劳、努力，去不断地改变自己的生存等级才是。你能忍受，也算本事，但还有父母妻子儿女呢？你还是国家的纳税人呢？如果人人为了"乐道"而都去"安贫"，那这个国家就完了。

富，也不是罪过。来路正，你就可劲挣，钱还怕多吗？所有创造财富的人都是社会的酿酒者，自己一个人汗沫流淌、糟泡水蒸的，酿出酒来大家喝，不该受到尊敬吗？但别贪、别墨、别搂、别抢、别偷、别违法、别漏税、别行贿，你多富有都是君子。人云"为富不仁，为仁不富"、"瘦了天下，肥了自己"的事，也并不是人们的凭空杜撰、无端仇富。两千多年前就讲"富则见义"，肯定是从那个时候就有居官贪墨、为富不仁、奸诈致富的现象存在。而今，那些人利用现代技术手段坑蒙拐骗，不惜出卖一切利用一切赚钱的事惨不忍睹，许多人仿佛想钱想疯了，什么招儿都有，还讲什么义啊？这个世界中的此等人应该交给庄子去拯救，但庄子也不一味反对钱，他只是把人格、身体、性命看得更重要。

庄子还编了一个故事：尧帝到华地去巡视，封在那里的地方主管送给他三个祝愿：祝他长寿、多子、发财。这就是著名的"华封三祝"。但他却连说辞、辞、辞。那个封人便逐条给他批驳了一番，讲到发财时，说道："你辞什么辞啊？你以为我让你贪吗？一个天子还怕钱多吗？你手里没有钱，拿什么来周济天下的穷苦人呢？"说得尧连忙诺诺继续请教治国之道，但那个华封人却摆了摆手："你走吧。你不走，我走。"竟然自己拂袖而去。墨子也还讲过："据财不能以分人者，不足与友。"

国家应开设"珍惜生命"这门课

"生则见爱，死则见哀"，是讲爱惜他人活着的生命，哀伤别人的死亡。生命本该受到最高的珍惜，不论是自己的他人的。每一个生命能来到这个世界都堪称英雄，因为他们都是生存前竞争胜出的大赢家，每十万亿个生命代码，才有一个可以化育为生命出生，而且生命只有一次，还不值得珍惜吗？

什么是天国？这个现世就是所有生命的天国，我们谁有权利让它无端地殒灭呢？战争、灾难是无可回避的，而太平世界中的人们，像如今的个别青年人这样不知珍惜自己和他人生命的，不敢说绝后，但至少是空了人类有史以来的"前"了。

开车的见前面的婴儿车挡了他的路，停下来就把人家的孩子摔死；三个小青年路过新婚人家门口，见新娘子漂亮，就夜入新房轮奸、杀人、灭尸；一个名牌大学毕业生网络创业，年收入近百万，但还嫌富得慢，便去网上去赌博，想更快更大地发财，结果输光了老本，便去银行抢劫取款人。受审时他却一脸笑容地说："我算计过了，给自己量过刑，按法律规定，我的行为的后果，我还能承担得起。"呜呼！难怪一个赌徒输了钱，骂了一句便转身去楼下了，跳下去的；看足球看输了，砸了电视机，转身也下楼了，跳下去的……真的是让人生不见爱，而"死则见哀"了。

怪这些青年无知吗？社会没有责任吗？家庭没有责任吗？国家没有责任吗？造不出君子来，把他们都造成一个知道惜命的人很难吗？中国新一代的教育，真该开设"珍惜生命"这一门课程。

别忘了上帝与人类关于"流血"的约定

那么，墨子为什么讲"四行者不可虚假，反之身者也"，就是劝诫人们，虽然贫穷但不可贪赃枉法地取之无道；虽然富有，但不要吝啬钱财，还是要多做好事、善事，不能为富不仁、据财不义；要爱惜人的生命，不能人为财死、鸟为食亡；要有恻隐之心，这是人的良知，对一个生命的死亡要有垂悯悲哀之心。这四种行为不但要牢记，而且要认真地去践行，来不得半点虚做，否则就会祸及己身。

记住上帝与人类始祖亚当、夏娃的约定：让别的生命流血者，必得用自己的血来补偿。可别把这话只当成《圣经》上的教义说教，这个"上帝之约"本是人类自身经历的总结。千万不要忘记：那部《圣经》是人写的，而不只是神话传说。

五、君子之声名当"以行为本"

善无主于心者不留，行莫辩于身者不立；名不可简而成也，誉不可巧而立也。君子以身戴行也。

——《墨子·修身第二》

【直解】

无主于心：不是自主生发于心的东西。

行：德、行为、表现。

莫辩于身：虽然是自身的行为，但只知其然，不知所以然，讲不清道理，只是偶然。

简：轻松简慢不勤。

巧：不老实，巧言令色，哗众取宠。

戴：与"载"为通假字，负于其上的意思。

以身戴行：身体力行，不讲空话，不投机取巧。而是用自己的行为来证明自己。

这段的大意是：一个人的名声、口碑，你到底是个怎样的人，不在于你偶然有一件善事、美行。因为如果不是发自内心的善，不是善在主宰你的内心，这善是留不住的；对自己的行为、所做的事都不知道为什么，那也是无法长久的。人的好名望，不是可以漫不经心、庸庸懒懒可以成就的，而要靠自己勤苦努力累积而成；人的好声誉，不是可以靠投机取巧、自我显扬所能获得的，而要靠脚踏实地地去作为才能赢得的。而所谓君子，就是那些用美德来主宰自己行为的人。

【绝非说教】

天底下为什么会唱"把根留住"

墨子还讲过："君子战虽有阵，而勇为本焉；丧虽有礼，而哀为本焉；士虽有学，而行为本焉。"是以足见墨子重实轻名，对人的行为更重视。修身本不在你知道什么、说得怎样，关键是要做得好。知道什么好，说得也很好，但你不能以身践行，那就不是好，就称不得君子。

墨子在这里讲了四个"本"。什么是"本"？本就是树的主干，是根在地面的上升，根和本是本体，所以人们唱"把根留住"，就是要"保本"，这是一切的底线，本是下接其根，上连枝叶的，所以，人们又说：根本不固，枝叶安茂？君子更当知根守本。人性的基本良知就是我们的根，上升到地面之上，修身立德就是我们生命所有投资的大本，有此，你才有你所要成就的枝繁叶茂。生命的所有发展都要仰仗根把土壤水通过本来输送到每个枝叶，这就叫"行"，所以又称德行。而所谓德行，就是你得让德运行起来，见诸行为、行动。人是要靠德与行来决定一生成长高度的，君子真当努力修德，并把这德去实行起来，才有成效。

六、人法天而兼相爱交相利

天必欲人之相爱相利，而不欲人之相恶相贼（害）也。奚以知……，以其兼而爱之，兼而利之也。爱以知……，以其兼而有之，兼而食之也。

——《墨子·法仪第四》

【直解】

墨子认为治理天下、国家应有法度。天下万事"无法仪而其事能成者，无有也"。所以无论百工、士子、将相行事都各有法可循。

他认为工匠所因循的法度有五：矩尺、圆规、墨绳、悬垂、水。"百工为方以矩，为圆以规，直以绳，正以悬"（脱一—"平以水")。后世的许多用语都出于工匠用具用法：如"尺规"、"准绳"、"水平"、"水准"、"平衡"、"规矩"——矩为角尺，用来求方正的；圆规是画圆的；墨斗绳是为了划直线的；悬锤是瓦工为了正墙壁上下垂直不歪的；水准是用来测求平而不倾斜的。工匠如果没有这五个方面的法度作为依据就建不成房子，造不成器物，所以"百工从事，皆有法度"。

墨子认为：虽然统天下、治国家与百工有所不同，但同样要有法可度才行。那么应当以什么为"治法"呢？不可以父母为法，不可以所学为法，也不可以君主为法，因为这三个方面都是少数人的意见意志，都称不上"仁法"。因而为政治国"莫若法天"，按照天的意思来治国。那么什么是天的意思和愿望呢？于是，墨子才提出了前面那段话：天的愿望是要人国之间都要互相友爱互相有利，而不相争、相仇、相害。那么，为什么说这就是天意呢？你看，天本身不就是这样吗？"天之行广而无私，其施厚而不德（自我得意），其明久而不衰，故圣王法之。"

那么，又怎么能证明天道如此，也希望人间、国际都应兼爱兼利呢？这不是我们人人可见的吗？老天不是把我们生在一个天下，养在一个天下，"兼而有之，兼而食之"吗？天下各国不论大小，不都是归老天所有的乡邑吗？人无长幼贵贱，不都是老天的臣民吗？普天之下的人民不都一样地在以人间饮食香烟来祭事上天吗？所以说人间的兼爱、兼利是老天的意思——"是以知天欲人相爱相利，而不欲人相恶相贼（害）也"。

正因为这是天的意愿，所以"爱人利人者，天必福之；恶人贼人者，天必祸之。曰：'杀不辜者，得不祥焉。'"墨子"兼爱"思想的理论基础，至此堪称完备，可惜的是一切仍建立在一个"极权"之下："天"——若把这个"天"当成《尚书》所言：民听、民视、民心、民意就是"天"，那就好了；若把一切都由那个"天"之子皇上来代行，就有问题了。

【绝非说教】

人类相仇恨的历史比相爱的历史更为久远

人类的历史，更多表现的是个互相仇恨攻杀的历史，所以生物学家、诺奖得主洛伦兹就说：人类之间互相仇恨心理的历史，要比人类相爱的历史久远得多。从远古时代开始，人们见到一个陌生人走近的第一反应，既不是问候，也不是迎接，第一动作是首先拿起武器。而上帝与人类立有流他人血而必以流自己的血相回报的誓约，无非因了人类太长于自相残杀。回望一下人类的历史，再看看今日之世界，便也知洛伦兹所言之不谬，因而愈显墨子"兼爱交利"思想的光辉与伟大。人类绝非为了相互仇杀、伤害来到这个世界上的，相信人性的本质终会把我们带入兼爱、交利的时代。人人都当为此而努力。

七、"大人之务，将在于众贤而已"

今者王公大人为政于国家者，皆欲国家之富，人民之众，刑政之治。然而不得富而得贫，不得众而得寡，不得治而得乱，则是本失其所欲，得其所恶。是其故何也？子墨子言曰："是在王公大人为政于国家者，不能以尚贤事能为政也。"

故大人之务，将在于众贤而已。

——《墨子·尚贤上第八》

【直解】

墨子这段话的意思是：治国者都希望国富、民众、政治，但为什么总是适得其反呢？因为他们从根本上就已经失去了他们所要的结果，因为他们不能任贤来治国。所以他在后面又提出了：一个国家"贤良之士众，则国家之治厚；贤良之士寡，则国家之治薄。故大人之务，将在于众贤而已。"

【绝非说教】

"上层建筑"：农民建房自不以朽草为屋顶

社会生活有一个怪圈：越是谁都知道的道理越没人践行。谁不知道事业需由人做？谁不知道政治路线确定之后，干部就是决定因素？但又有谁在自己的政务日程中，把任贤使能列在了第一位呢？

中国最强大之处在于：大有人在，但人才都在民间。犹如一间房屋，哪怕房顶朽烂，但墙壁都是坚石所垒，梁柱都是坚木所撑，就是变成废墟，它也千年不倒。可惜的是不倒也是废墟了，就像高昌古城于今仍屹立在大戈壁荒漠中的那堵高墙，那片废墟。

人民的力量是不可忽略不计的，但决定一个国家、民族命运的，似乎更取决于"上层建筑"的材料材质。农民建房也从未见以朽草为屋顶的。是以古人言：天下万事唯有人才为重。

八、任贤四术：富之、贵之、敬之、誉之

然则众贤之术将奈何哉？

子墨子言曰："譬若欲众其国之善射御之士者，必将富之、贵之、敬之、誉之，然后国之善射御之士，将可得而众也。况又有贤良之士，厚乎德行，辩乎言谈，博乎道术者乎？此固国家之珍而社稷之佐也。亦必富之、贵之、敬之、誉之，然后国之良士，亦将可得而众也。"

——《墨子·尚贤上第八》

* * *

【直解】

"众贤"：拥有众多贤才。

这段话的意思是接着上一节所说：既然贤者多而国家则厚

于治，那么怎么才能让贤人来者广众呢？就是一个国家级的神射手，都得给之富贵敬誉才行，而何况对于一个贤者呢？也只有富之、贵之、敬之、誉之，他才会跑过来追随你。你的贤能之士才会多起来。

【绝非说教】

中国历史上的官其实很"贱"也很"贵"

中国历史上的官，要求不高，一术不术的人，只要给个官，他就没有不干的。他宁可自己花钱买官，挖空心思谋个官，也要弄个什么长当当。所以又有几个还以当官为荣的呢？还有几个人尊敬当官的呢？

中国历史上的官，代价也很大。一旦把那些个"渔"者子孙弄上来，他们会捞啊！一旦撒下"绝后网"，还不把国家给你捞空了？出了那么大老虎、小老虎，老百姓能不"仇官"吗？但不可以一以论之。

中国的那些清官真的很可怜，他们绝不为世俗所庸、为世秽所污。只知勤勤恳恳、忠心耿耿，抛家舍业，为民谋福，而一个月才挣那么几个钱，比开三轮车、出小摊的也多不了几个钱。而且你越这么干越升不了官，到头来家里面比平民也好不了多少。中国的官与官真的是不一样，几十年来笔者亲历所见多了，很为那些清官们、苦官们叫好。

这账怎么算呢？怎么算才公平呢？

"为君难，为臣不易"，这是自舜禹时代便流传下来的名言。中国历史上的"人间五福"，从来就没有当官的位子。我做过乡官、县官，知道那种苦滋味，所以不做了。但得说句公道话：贪官、庸吏实在不少，但不能一概而量之。道理很简单：大树风雨不倒，就证明了它自身的强大、未朽。尽管有虫子、老鼠，把它们消灭是了；有一些腐烂之处，把它挖掉是了。人类有史以来，哪个朝代、哪种制度下的官场能一清如水呢？全世界的污水都流到大海里去了，海水臭了吗？它有自洁能力。无边落木萧萧下，不废江河万古流，别把心思放在无用功上，做好自己，种好自己的园子，比什么都强。你生在哪个时代，哪个时代就是最好。不好又怎么样？无涯宇宙只有一个地球允许生命存在。世界上最没价值的就是那些不创造任何价值的哓哓者。

九、圣王为政：上使下一物，下事上一术

古者圣王政也，言曰："不义不富，不义不贵，不义不亲，不义不近。"是以国之富贵人闻之……亲者闻之……近者闻之……远者闻之……皆竞为义。是故其何也？曰："上之所以使下者一物也，下之所以事上者一术也。"

——《墨子·尚贤上第八》

【直解】

这段话的意思是：对待官员虽当以富、贵、敬、誉赐之，便必要有个标准。古代圣王只有一个标准：为官不义者，就不能让你富、贵、亲、近，所以天下各层面、方面的人士都背后议论：如今皇上以义字为先，虽然和我现在的状况不一样，然而我不可不为义。所以，上边对下边只以一个"义"字为统一

标准，而没有区别；下边对上边的态度也自然只以一个义字为转移，所以天下贤才便自然大至。

墨子虽然大谈其利，在这方面是绝对大反儒家学说的，但并不放弃仁义道德这些基本的人性良知，而又能一切从人性天性的实际出发来考虑问题，这正是他的可贵之处。

【绝非说教】

镜平丑者不怒，水平邪者取法

人为什么都用镜子照脸，而丑者并不因为在那里看见自己丑而发怒？工匠为什么以水为准，来找平衡呢？因为二者皆平而公正，天下一律。但凡事总有特殊。三国时代的夏侯惇就因为被射瞎了一只眼睛，在镜子上看到了自己变得那么难看，便疯狂大怒，把镜子摔碎了。这个世界上并不乏以丑害镜之人。

墨子所言的"圣王之政"，只是理论上的理想假说，人心非镜，本无其平；人情如水，自有风起波生、寒热冷暖之时，为人下司不被颠倒黑白、指鹿为马、以是为非，便是幸事了。而为人上司者如不能如水镜之公平，天下便自会多事，这也是一定。

十、列德尚贤，无能则止

古者圣王之为政，列德而尚贤。虽在农与工肆之人，有能则举之。

故当是时，以德就列，以官服事，以劳殿赏，量功而分禄。故官无常贵，而民无终贱。有能则举之，无能则下之。举公议，避私怨，此若言之谓也。

——《墨子·尚贤上第八》

【直解】

这段的意思是说：古代圣王用人不拘一格，英雄不问出身富贵贫贱，唯德、能是举，按德性高低来定官次，人事相副而不能人浮于事，按你的贡献大小来决定个人收入。胜任的留下来，不称职下去。所以"官无常贵，民无常贱"，所以才能天下大治，国泰民安。

【绝非说教】

终身制之"制"：国之大害

官者治事之公职，怎么能成为一种"职业特权"？而且成为一种制度？只要进了这个门槛，无论大小贤愚德否能何，就是傻子成了官员也要终身任之，至多换个位置是了。其一在职误事；其二、贤能不得其位；其三，民心汹汹，官心亦不平，耻与其为伍。于是有能者也不努力，德高者也甘居下游。如之何以为治？何以化民？

十一、圣王任能“三本”之术：高官、厚禄、事权

故唯昔三代圣王尧、舜、禹、汤、文武，之所以王天下、正诸侯者，此亦其法已。

既曰若法，未知所以行之术，则事犹若未成，是以必为置三本。何谓“三本”？

曰："爵位不高，则民不敬也；蓄禄不厚，则民不信也；政令不断，则民不畏也。"故古圣王高予之爵，重予之禄，任之以事，断予之令。夫岂为其臣赐哉？欲其事之成也。

——《墨子·尚贤上第八》

❖

【直解】

墨子在此处所讲的“亦其法”指的是什么呢？是他在《尚

贤》中所讲的"知尚贤之为政本也。故古者圣王甚尊尚贤而任使能"，所以，他们才能"王天下，正诸侯"。

他在这里接下来讲的是：光知道这个"法"还不行，还应该知道实行此"法"之"术"，否则那就等于没用。那么，用什么办法才能真正实现以贤能治国的宗旨呢？他提出了任贤使能的"三本"之术：第一，要赏给他们较高的爵位官职，否则，受不到人们的敬重；第二，要实行厚禄，否则，人们便不信任他；第三，要让他们事、权统一，既要让他们理事治民，就要授予他们以独断的权力。墨子最后还申明：这"三本"并不是对他们个人的恩赐，而是为了成事。

我们不能不说：在那个时代，墨子有此种思想，是相当"现代"而又通人情达政理的，而不是在那里坐论空谈仁义礼智信。

【绝非说教】

权力：墨子活至今日，一定会修正他的"三本说"

笔者所历官场中人大大小小形形色色多矣，许多人并不考虑他的角色职责是什么，而是考虑哪些权力必须抓在自己手上。有一个什么分野标准呢？两条：一个是能制约他人之处；一个是利于自己谋私之处。只要符合这两条，不管是否应自己来抓，他都要网罗在自己手中。尤其是一些私心重的一把手，宁可让下属、让副职无事可干、无权可使，也要"权力上划"。

笔者对什么是"权力"的认识往往是在自己离开那个职务之后，便会忽然发现：那只不过是办事规则的一些东西，怎么在他人手中竟会变成了制约人、事的"权力"？真是匪夷所思。而且许多人只要在那个岗位上，便会生发出给自己制造出"权力"的本事。读《曾国藩家书》，读到曾国藩的父母受皇上诰封时，皇诰要由内官们装裱才能颁发。所以那些"制诰者"们便把这个"制"字演绎为一种谋私的"权力"——拖。谁着急，你就上银子，谁上银子就给谁先装裱。曾国藩当时已贵为兼令国家三个部的副部长，但也得托人上银子，才得以半年后才领到"皇诰"。再看看官场上有大权者的买官卖官与贪墨就更是令人发指了。

官性？人性？苟人苟官之性？

无语。墨子如果活到现在，一定会修改他的"三本说"。

十二、天下所有之乱"皆起不相爱"

圣人以治天下为事者也。……不知乱之所自起，则不能治。……当察乱何自起？起不相爱。

子自爱，不爱父，故亏父而自利。弟自爱，不爱兄，故亏兄而自利。臣自爱，不爱君，故亏君而自利。此所谓乱也。……皆起不相爱。虽至天下之为盗贼者亦然。盗爱其室，不爱异室，故窃异室以利其室。……诸侯各爱其国，不爱异国，故攻异国以利其国。天下之乱物，具此而已矣。

故天下兼相爱则治，交相恶则乱。故子墨子曰："不可以不劝爱人者，此也。"

——《墨子·兼爱上第十四》

墨子认为天下所有变乱的起因，都在于人们互相缺少一个爱字，人人自爱其身、自爱其家、自爱其国，所以便到处发生变乱、祸乱、混乱、动乱、战乱。那么，怎样才能解决这个问题呢？他认为只有教人互相爱，天下才能大治。

【绝非说教】

大道有时需要反行而得正

康、雍、乾三帝百年盛世，康熙朝失之于宽，所以称"熙"；雍正朝失之于严杀，所以称"正"；乾隆朝反正于二者间，所以称"隆"。周文王、周武王二王之道则被称为"文武之道，一张一弛"，以周文容忍，周武革命故。所以政治这东西有时需要"正反合"。

爱，并不解决一切问题；兼爱是政之大道，人之大优，世之大义，但并不解决一切问题，魔鬼你就不能去爱它。政治有时必须以血来洗刷罪恶。为政过于苛暴必害及无辜，过于弘忍则必有姑息养奸、养虎遗患之弊。所以为政之大要不在爱、恨自身，而在审时度势，对症下药。好药师绝不会对所有患者都用同一个处方。

十三、士君子说："兼相爱、交相利"则善

凡天下祸篡怨恨其，所以起者，以不相爱生也，是以仁者非之。既以非，何以易之？

子墨子言曰："以兼相爱交相利之法易之。"然则兼相爱交相利之法将奈何哉？子墨子言："视人之国若视其国，视人之家若视其家，视人之身若视其身。是故诸侯相爱则不野战，家主相爱则不相篡，人与人相爱则不相贼，君臣相爱则惠忠，父子相爱则慈孝，兄弟相爱则和调。天下之人皆相爱，强不执弱，众不劫寡，富不侮贫，贵不傲贱，诈不欺愚。凡天下祸篡怨恨可使毋起者，以相爱生也，是以仁者誉之。"

然而今天下之士君子曰："然，乃若兼则善矣，虽然，天下之难物于故也。"

——《墨子·兼爱中第十五》

这段话的基本意思是：天下所有的祸乱怨恨都是由互不相爱而生。那么用什么办法来改变一下呢？只有一个办法："兼相爱，交相利"——视他国为己国，视人家为自家，视人命如己命，让天下人互相友爱，无论强弱、贫富、强弱都平等无欺无诈，都去兼爱、兼利。虽然士君们非难这是一件在天下很难全然实行的事，但也只有如此，才是好办法。

【绝非说教】

"交相利"：人类生存的本质命题

人类之所以能在原始洪荒时一头洞熊比马都高大的巨兽猛禽时代，经历了残酷的丛林竞争而生存下来，全然靠了群体互助合作的智慧与力量，而不是靠了互相攻击与杀戮。

人类之所以能够从野人进步到文明发达之境域，也全靠了互相的支援与交流，而不是靠了战争与屠杀。墨子这个古老的命题，当是对人类生存与发展的巨大贡献，而绝非西方的一些学者屡屡创造出一些成为战争狂人、大国沙文、民族种族主义者们发动战争和大屠杀借口与注脚的理论来。这也是东方人与西方人在思维方式乃至思想观念上的本质不同。

十四、君子者当务圣王之法天下治道

夫爱人者人必从而爱之，利人者人必从而利之，恶人者人必从而恶之，害人者人必从而害之。此何难之有？特上弗以为政，士不以为行故也。

是故子墨子言曰："今天下之君子，忠实欲天下之富而恶其贫，欲天下之治而恶其乱，当兼相爱、交相利。此圣王之法，天下之治道也。不可不务为也。"

——《墨子·兼爱中第十五》

【直解】

这一段是针对上文有人非难说：这种办法好是好，但很难实行。所以，墨子在这里说：这种免除祸乱发生的"兼相爱、交相利"的思想实行并不难，关键是君主将帅们不去带头实行。他在篇中还指出：晋文公好穿大布之衣而不喜时尚的"羔羊之裘"，群臣便都效仿他着大布之衣，着"牂羊之裘"，（牂：音脏，指母羊。）而且冠带佩饰都效仿他的样式；楚灵王好细腰，国中多饿人，众臣日以一饭为节，饿得"扶墙然后起"，"朝有黧黑之色"；越王勾践好勇士，为试兵士之勇而焚船诈令救国宝于上，亲自击鼓，以至"蹈火而死者，左右百人有余"。如果要让百姓都去如此，这确实很难。如果君主喜欢人之相友爱，相利惠，这对百姓而言，有什么难的呢？只是君王不喜欢认此为政，士官将帅不愿以此为行而已。所以，墨子又说：这是圣王之法、天下治道，所以士君子不可不务此道。

【绝非说教】

正道而官不行必难舍其私

执政者不行正道，无它，只有一条，有伤于他的既得利益。为官者对公事没有糊涂的，官场中人哪有糊涂蛋？犯糊涂处，都是揣着明白装糊涂，越糊涂越好浑水摸鱼，越利其私而掩其丑。此事绝可天下一概。笔者本人久历官场几十年，把这些公职人员中的劣者看得如见肝肺般清楚，怎么就那般庸俗低俗，哪里还像人民的公仆?

十五、兼君：先乃民之身，后为其身

吾闻为明君于天下者，必先万民之身，后为其身，然后可以为明君于天下。

是故，退睹其万民，饥即食之，寒即衣之，疾病侍养之，死丧葬埋之。兼君之言若此，行若此。

——《墨子·兼爱下第十六》

【直解】

墨子认为明君当如此作。"兼君"是指实行兼爱主张之君。此段足见墨子"兼爱"思想的本质主张，乃是为天下百姓着想，这也可以称他的这种思想为传统所言之"人民性"吧。

"人民"：人在旧制度下的一种永远可悲的命运

社会的财富无一不是劳动者创造的，但在几千年的历史中，他们却经常处于那样的一种生存状态。而仿佛一切都靠君主来恩赐，也难怪中国最老实的阶层也变得不老实了，总是一次次地起义、造反。自从"人民万岁"的口号喊出后，老百姓虽然万不了岁，但终于能以主人的身份存活于斯世。凡事需有历史比较才见真实。另一重可悲之处则在于人的欲望永远是水涨船高式的没有止境，求全责备。别老说执政者不好，你来试试？

人能够忍受当牛做马，但却忍受不了让他做人时的一声呵斥；能忍受地狱中的百般折磨，却忍受不了人间的一点苦楚；给他一张一穷二白的白纸，他什么毛病都不挑了，可是你给他一张图画，他却会批出一打的毛病。人性如此，还是自知一点，省省的好。

十六、君子审兼务行必为忠孝友悌之人

故兼者，圣王之道也，王公大人之所以安也，万民衣食之所以足也。故君子莫若审兼而务行之。为人君必惠，为人臣必忠，为人父必慈，为人子必孝，为人兄必友，为人弟必悌。

——《墨子·兼爱下第十六》

【直解】

本段言兼爱为王者称治、臣佐身安、百姓衣食足之"三道"，所以劝君子之人当认真地履践兼爱相利的思想，能如此便必有惠、忠、慈、孝、爱、悌者，在任何角色岗位上都会成为优秀者。

一德在身而足应天下人

君子之人贵在一德。天下人不管有德无德者，而无不敬有德之人。强盗都不劫孝子，不害忠臣；两国交兵互为敌者，但对忠君爱国的对手也无不备加礼敬。所以说，做人只要有一德在身足应天下之人，包括你的对手。

我们常见一些貌似无能者得居重任高位，精明强干者反沉沦下潦，我们对此并不能一概愤之以义，吐之以怨。这种现象，不唯地位、关系、后楼梯使然，其中自有各自德之厚薄使然，这个世界缺少的并非只是精明、才干。凡有上进心、事业欲之人不可不先修其德。

德，便是得，此乃古人所训所诂；德便是孟子所说的谁也夺不走的"天爵"；而职位、官级、俸禄，都不过是由外人所赐的身外之物，是以被称为可予而可夺的"人爵"。

十七、君子之义在大不在小

今有一人，入于园圃，窃其桃李，众闻则非之，上为政者得则罚之。此何也？以亏人自利也。至攘人犬豕鸡豚者，其不义又甚入人园圃窃桃李。是何故也？以亏人愈多。苟亏人愈多，其不仁兹甚，罪益厚。至入人栏厩，取人马牛者，其不仁义又甚攘人犬豕鸡豚。此何故也？以其亏人愈多。苟亏人愈多，其不仁兹甚，罪益厚。

当此，天下之君子，皆知而非之，谓之不义。今至大为攻国，则弗知非，从而誉之谓之为义。此可谓知义与不义之别乎？

——《墨子·非攻上第十七》

墨子在《非攻》篇中说：人们对那些偷桃窃李、偷鸡摸狗之人，不但攻击他们不仁义，而且还要受到处罚。对于盗劫他人牛马和杀人的人，大家也都认为这是不仁、不义的犯罪。但为什么见到了攻打别人的国家，抢夺他国财物、杀人无算的行为，怎么不但不说他不对，反而要称美他们是吊天伐罪的仁义之师呢？这是不是混淆了义与不义的区别呢？偷一桃一鸡为非，那攻城掠地便是大非；杀一人十人为罪为不义，那么攻人之国、杀人无算就是大罪大不义，怎么还能说是义呢？君子之人应该明辨何是何非，到底什么算义与不义。这就是本段完整的思想。

【绝非说教】

西方人为什么不推崇墨子

西方人几乎都十分推崇老庄孔孟，国外汉学家也有研究墨子科学成就的，但大人物们绝无推崇墨子的。因为墨子讲"非攻"、论"战守"，这是不符合西方人观念的。西方人的各支祖先几乎都是游牧部落的后代。中国人的兵学论"战守"，而游牧民族的兵学只讲攻战而从不言"守"。就像满洲人一样，他们代代只讲进攻的战术，从来不研究守策。只有在努尔哈赤被袁崇焕大败而丧命后，才开始"言战守"。克劳塞维茨的一部兵学巨著《战争论》泱泱数十万言，虽然也研究战略防御，但大多论述进攻、决战，而且他给战争下的定义就是："战争无非是扩大了的搏斗"，"他的直接目的是打垮对方，使对方不能再作任何抵抗。因此，战争是迫使敌人服从我们意志的一种暴力行为"，是"暴力最大限度的使用"。赤裸裸的军国主义论调。

应当把墨子的"非攻"理论推介到西方去，虽然虎狼是永远不会念佛经的。

十八、"君子不镜于水而镜于人"

是故，子墨子言曰："古者有语曰：'君子不镜于水而镜于人。镜于水，见面之容；镜于人，则知吉与凶。'今以攻战为利，则盖尝鉴之于智伯之事乎？"

——《墨子·非攻中第十八》

【直解】

"是故"，是什么"故"呢？就是段尾的"智伯之事"。此前墨子为了讲攻战的求利而亡国的道理，先引述了吴王夫差先灭越而后亡国的事后，便又讲到了赵、魏、韩三家分晋的历史：

晋国有六位将军：智伯、中行荀氏、范士氏、韩、赵、魏。其中智伯最为强大，便想吞并其他五家而独霸晋国。很快，智伯便平灭了据守柏地的中行氏、范氏，两个氏族的首领将军荀寅、士吉射逃到了齐国。于是，智伯又挥得胜之师直扑太原，围攻赵襄子。

到了此时，相邻近的韩、魏两族的将军韩康子、魏桓子二人便商量道："古者有语，唇亡齿寒。赵氏朝亡，我夕从之；赵氏夕亡，我朝从之。诗曰：'鱼水不务，陆将何反乎？'"意思是说：我们与赵将军三个家族如唇齿相依，古人言唇亡齿寒，如果赵被消灭，那么我们的死期也是一早一晚的事。古诗说鱼在水里还可以呼吸，到了陆地上只有一死。我们何不舍死一搏，一起把智伯消灭呢？于是，韩、魏二将率兵从外面攻打智伯，赵氏从城内向外攻打，把智伯彻底消灭，韩、赵、魏三家从此平分了晋国的土地。所以，墨子就此事讲道：君子是不以水为镜的，而是以人为镜。因为水只能照见你自己的脸，而从他人身上可以看到吉凶祸福产生的原因。如果人们还认为发动战争去抢夺别国的财富、土地、人民，对自己是有利的，那就看一看强大的智伯是怎样灭亡的，心里就会清楚了。

能在和平中走过一生便是最大的幸福

墨子用"非攻"一词来表述自己的思想，十分科学、准确、恰当。"攻"是一种进犯，是侵略，是进攻他人。史言"春秋无义战"，其实未必，卫国保家守土的战争，怎么说都是义战。赵襄子在太原城中被围，出来反击，虽然也由守变为进攻，但是在自己领土上驱赶侵略者，这就不是利不利的问题，也不是该不该的问题，而是正当防卫，是迫不得已。所以说，墨子的"非攻"并不一概地反对战争。

战争，是人类最大的不幸，不管正义、非正义，都是人民的灾难。人一生不过百年，能在一个和平的环境中度过，免去颠沛流离如丧家鸡犬，战火荼毒如热锅烧足之苦，就是最大的幸福。还有什么奢望呢？不闻古人言"宁为太平之鸡犬，不为乱世之王侯"吗？

夫复何求？

十九、天下治而不乱必行“五节”

君实欲天下之治而恶其乱也，当为宫室，不可不节！……当为衣服，不可不节！……当为食饮，不可不节！……当为舟车，不可不节！……当蓄私（宫女妻妾），不可不节！

凡此五者，圣人之所俭节也，小人之所淫佚也。俭节则昌，淫逸则亡。此五者不可不节。

——《墨子·节用下第二十二》

【直解】

"节用"是墨家学派思想体系中的重要组成部分。他认为国家、君主能否实行"节用"，事涉治乱问题，所以他提出了务须俭节的五个方面：

第一，节俭于宫室。他指出：人类所以有宫室的目的，主要是为了逃避原始所居洞穴地下之湿；所以宫室可以下避潮湿，上遮雪霜雨露，侧避寒风即可。而不能为了好看、阔气而耗费民财横征暴敛。否则必"国贫而民难治也"。

第二，节俭于衣服。他指出：古人不过穿着兽皮，扎着草绳子。因为不方便又不适于冷暖，所以才发明了织物，以布为衣，所以只求"适身体，和肌肤而足矣"，而不可暴敛百姓以求奢华，否则必"淫民难治"而"奢君难谏"。

第三，节俭于饮食。他指出：古人类未开化之时，不过生吃果蔬充腹而已。后来有了农耕园艺，有了饮食，也不过为了"足以增气充虚，强体适腹而已"。而今弄到了搜刮民间竭尽山珍海味美佳肴，大小杯盘摆酒方丈，以致"目不能遍视，手不能遍操，口不能遍味"。上有所好，下必甚焉，弄到"富贵者奢侈，孤寡者冻馁"，国家想不动乱都不可能。

第四、节俭于舟车。他提出：古人发明车船，是为了"以便民事"、"可以任重致远"，因其费钱少而好处多，所以百姓乐为之。尔今却暴敛百姓来豪华美饰舟车，以致男废耕、女废织来为官府造车织饰，那天下怎么能大治呢？

第五、节俭于蓄私。他指出：天地之间、四海之内，必以阴阳之和为安。"天地也，则曰上下；四时也，则曰阴阳；人情也，是曰男女；禽兽也，则曰牡牝雄雌也"，都是一种匹配关系，尤其男女失于匹配则必寡民。上古的圣人家中虽有蓄养女子的，但只役使而不以为妻妾。各有家室。"故民无怨。宫无拘女，故天下无寡人"，所以天下人口众多。而今大国宫女数千，小国数百，令天下男寡无妻，女拘无夫，所以人口便少。国家怎么能富庶呢？

【绝非说教】

国耻：把中国挂在了"舌尖"上的吃货

《舌尖上的中国》，合适吗？你已经是天下公认的第一吃货了，还把中国挂在"舌尖"上去吃？你中国再大，也不可以如此吃吧？外国人曾经把中国称为"丝国"、"瓷器"，还要让人家把中国称为"食国"吗？还真有点问题，古波斯人已被称过"大食"，那中国叫什么？叫"特食"？

耻辱而不知耻，非但不知耻，尚自我津津乐道，万民齐观，媒体大传大播，孟子要是活着，一定又要叨咕："无耻之耻矣！"

再看看我们各地的权势机关的楼堂馆所、名人富人豪宅、酒楼宾馆、娱乐场所、名车美女……真该把墨子请出来讲讲"五不节"之害了。

二十、士君子不可不察简丧为政

故曰子墨子之法，不失死生之利者，此也。故子墨子言曰："今天下之士君子，中请将欲为仁义，求为上士，上欲中圣王之道，下欲中国家百姓之利，故当若节丧之为政，而不可不察此者也。"

——《墨子·节葬下第二十五》

【直解】

子墨子之法：墨子针对当时"厚葬久丧"之弊，提出的简葬之法——"棺三寸，足以朽骨；衣三领，足以朽肉。掘地之深，下无沮漏，气无发泄于上，垄足以期其所，则止矣。哭往哭来，反从事乎衣食之财，佴乎祭祀，以至孝于亲。"

死生之利：埋葬入土为安，是为"死之利"；在丧葬之时，要节用，考虑到生者的衣食为继，是为"生之利"。

士君子：指士大夫有德之人。

中：符合的意思。"中诸"的"中"字有中间之意，指自己，以与上之圣王，下之百姓相对应。后两个"中"字，指合于。

求为上士：春秋时，上大夫称上士，在行丧礼时要行重孝，到什么程度呢？"必扶而能起，杖而能行"，就是说跪的时间长久，哀痛到极致，要由人扶着才能站得起来，拄着拐杖才能行走。显然，墨子是不赞成这种方式的。

这一段的意思是要君子士大夫们在处理丧事时，要充分考虑到既不失孝、敬于亡者，又符合圣王们的节葬之道，还要考虑到不能因为丧葬无度而有损于国力、民生；不能因过哀之礼而有害于人的身体，也不能因为要服丧三年的"久丧"之忧而误事。要把此事当成政务来关注，而不可不明察此事之利弊。墨子这种想法当然会受到那些儒士们的大张挞伐，痛加围剿，但却大利国计民生。

孝在于心："原迹家贫无孝子"

有这样一副对联，上联是："百善孝为先，原心不原迹，原迹家贫无孝子"，下联是："万恶淫为首，论迹不论心，论心世上少完人"。"原"字为推究义；"迹"为行迹、行动。上联的意思是：孝不孝的衡量标准，不在于物质形式如何，而在于怎么样，有无孝心。论孝是要推究他的心性，而不能去看他弄得多奢侈，孝不孝不是比拼排场、物质财富的事，否则，那穷人家就没一个孝子了。

墨子的想法更多的是超越了一个"孝"字来谈丧葬之事，多从"交相利"的角度来考虑问题，而是既要"利"于死者，又要考虑到国计与民生。但他绝不放弃仁义忠孝的原则，而是大量引述了古代圣王的丧葬理念作为自己简葬节丧观点的注脚，不但剀切入理，而且十分合人情。因为他十分反对儒家那套繁琐的丧葬礼仪与当时盛行的"厚葬久丧"之风。

墨子是很有勇气的，也很实际，只可惜他的思想同样不为统治阶级所接受，有钱人也不肯接受，这也很正常。但他至少为穷苦百姓摆脱昂贵的丧葬纠缠开了一条生路。

君子之孝本在一心而已，生前尽力而为孝养敬顺，死后不忘怀于心足矣。而何苦大肆铺张？

二十一、君子"遵道利民"
为"仁义之本"

子墨子言曰："今天下之君子之欲为仁义者，则不可不察义之所从出。"

子墨子曰："义不从愚且贱者出，必自贵且智者出。"

然则孰为贵？孰为智？曰："天为贵，天为智而已矣。然则义果自天出矣。"

是故子墨子曰："今天下之君子，中实将欲遵道利民，本察仁义之本，天之意不可不慎也。"

——《墨子·天志中第二十七》

【直解】

这是在墨子的《天志》中篇中摘录的几句上下相承的话。意思是说：天下君子之人要以仁义为行，那你得先知道仁义从何而出、而来。显然这是墨子在批判儒家的把义与利对立起来的观点，他最反对的便是"君子不言利"，所以，他一以贯之地大谈特谈"利"字。但可贵处在于他所言都是利民之利。

墨子接着讲道：义由贵智者出，而不出于愚贱者之口。显然他把儒门中人称为"愚贱"之人。那么谁是贵者智者呢？天。封顶了。那个时代无论诸子诸孙百家千说，鸡鹅争鸣，但似乎没有不以天为道为至高无上的。所以墨子又说：君子们诚心符合实际一点的要行仁义还当去"遵道利民"，这才是仁义的大本，你们应当很好研究一下才行，不可不慎于天意。

所以，天意是什么呢？墨子接下来在后面又讲道："天之意不欲大国之攻小国也，大家乱小家也。强之暴寡，诈之谋愚，贵之傲贱，此天之所不欲也。不止此而已，欲人之有力相营，有道相教，有财相分也。又欲上之强听治也，下之强从事也。上强听治，则国家治矣；下强从事，则财用足矣。"只有如此，才能民富国强，有钱上敬鬼神，外安四邻，内养万民，君惠臣忠，父慈子孝。这才是天所希望的，所以君子们应当认识这一点，对天之所欲不可不慎。

在墨子的心中，充满了面对现实的平民思想。尽管他上尊老天，下借鬼神，但他的落脚点还是放在了天下贵贱强弱平等，贫富均等，利养万民上。的确是一位难得的平民主义者。但我们不能不说，他太过于强调物质因素了——也无可厚非。

【绝非说教】

兼爱为仁，正者为义

人际互相友爱便为仁，以正气行事便为义。

执政者能保证人民安居乐业、不愁衣食，为民兴利造福，便为大仁；能为社会去恶除害便为大义。

做人能容人而不害人不危害社会就是大仁，有正气胆色，肯于救人助人，不为利而丧失良知便是大义。

墨子说："义者，正也。""天下有义则治，无义则乱。我以此知义之为正也。然而正者，无自下正上者，必自上正下。"这也许就是民间所说"上梁不正下梁歪"、"屋漏在上，知其在下"的道理所在吧。

当途执政者、社会公众人物，真当给百姓留下一副好面孔。

二十二、士君子皆明"天子正天下"而不明"天之正天子"

子墨子言曰："天下之所以乱者，其说将何哉？则是天下士君子，皆明于小而不明于大。"

"今天下之士君子皆明于天子之正天下也，而不明于天之正天子也。"

"今天下之士君子之欲为义者，则不可不顺天之意矣。""顺天之意者兼也，反天之意者别也。兼之为道也义正；别之为道也力正。"

"是故子墨子置立天志，以为仪法。吾以知天下之士君子之去义远也。"

【直解】

士君子：有德行的士大夫。

正天下：治理天下。

天之正天子：上天以降灾异、祸福、吉凶、治乱的方式来奖惩天子。

兼别：墨子在著述中称兼爱的君主为"兼君"，称不兼爱的君主为"别君"，并认为兼君合天意，别君是反天意而行的。

义正：以义治天下。

力正：以武力、暴力统治。

天志：天的旨意所在。

仪法：法度。

墨子的兼爱、非攻思想，在当时似乎受到了各流派的反对，所以在他的行文中似都在与"天下士君子"们论战。

他首先指出天下大乱，在于各国的君子们都知小不知大。只知有天子，不知还有一个天在管着天子。所以他立了一个"天志"当作天下的仪法，要大家来遵从天欲、天意。

那么天意是什么呢？还是他的"兼相爱、交相利"与"非攻"。这是一种相当自大而又十分自信的立论命题，换言之便是"天下士君子"要行仁义，那就得都按我的思想去行事，天下才能大治。

正由于他的思想并不为各国所接受，所以，他又说："天下之士君子去义远也。"是不近，那些诸侯国的王公君侯哪个肯会去爱人爱他国而息战？那些当途的士君子哪个不力劝自己国君去以武力征伐称霸、灭国、夺地？否则，他们何以立功、得赏、发财？你不是断人官路、财路吗？所以谁肯买你"兼爱非攻"的账？在这一点上至少墨子与孔、孟在当世所遭际的历史命运是相同的。

【绝非说教】

真理在现实与人欲的领土上有时寸步难行

墨子的思想有很多素朴的人性真理光辉，因为他是生长于现实的民众的土壤之中，与各国统治集团的利益怎么能合拍呢？看看张仪、苏秦、邹衍等人的说辞，就知道孔孟墨子这三位顶尖的思想家为什么都会归于悬瓜弃井的命运。

真理是悲哀的，他有着可以穿透万层空间的光芒，却无法在现实的土地上行走寸步。他又像在太空中飘荡的无线讯号，在地面上找不到与他同频的接收器，他就无法落地。马克思、恩格斯所说的那个"共产主义的幽灵"，至少还得以在"欧洲的大地上徘徊"，而且又大步地走出过欧洲。但在中国的先秦时代，这些先贤们的思想只能在太空中飘荡，而他的发明者、坚守者们也只能同此命运。你可以高悬如日月永照，但在现实的领土上却寸步难行。是真理的悲哀，还是人性、政治的悲哀？

二十三、仁政二事无非兴利除害

子墨子言曰:"仁之高者,必务求兴天下之利,除天下之害,将以为法乎天下:利人乎,即为;不利人乎,即止。"……是故子墨子之所以非乐者……虽身知其安也,口知其甘也,目知其美也,耳知其乐也,然上考之不中圣王之事,下度之不中万民之利。是故墨子曰:"为乐非也。"

——《墨子·非乐上第三十二》

【直解】

墨子说:什么是仁政当所为之事呢?只有两件:一为兴利,二为除害。而应将此义颁行天下为法:对人民有利的,就去做;无利于人民的,就禁止。而且"仁者为天下度也",而不能为满足耳目口身的享乐而安，去亏夺民财衣食，这种事仁者是不能干的。所以墨子不赞成国家兴盛乐制，一边吃喝饮宴，一边听着音乐，一边看着美女歌舞，自然是身安口甘目美耳悦，但上不合圣王之道，下不合万民之利。所以，墨子说："乐制不是好东西。"

【绝非说教】

要想开花，必须让不开花的枝长好

墨子的基本思想之一便是"功利主义"，这不是一个贬义词，设若人们所做的一切都无"功"可见，那不是在劳民伤财加浪费生命吗？如果不去趋利，我们还要去就害吗？农民如果不是因为春种一粒粟、秋收万颗籽，还去辛苦耕种干什么？就是西方资本主所有的政治学家，为政府所规定的基本职能，也便是为大多数人谋取最大的幸福。

墨子称得上是中国"功利主义"的鼻祖，这至少证明他不是一个空想主义者。但他讲得似乎太绝对了："利人乎即为；不利人乎，即止。"这话本无错，是常识，谁傻呀？谁去"赴汤蹈火"呀？还真就有。越王勾践一敲鼓，便有一百多士兵跳入失火的船上去抢救他虚构骗人的"国宝"而被烧死；纪信为了救刘邦，就甘心被扔到油锅里烹了。那些亡国之人有多少赴水、赴崖而死的呢？

"利"是人类生存与发展不可或缺的，但就是为了一个"利"字也不能有利就干，无利就不干，人类的生活不是一手钱、一手货的一场简单交易，不是做买卖。他有超乎于利之上的更高需要。

一棵树上有的枝开花，那叫"花果枝"；有的枝不开花也不结果，但园丁可从来不把它们当废枝全部剪掉，因为那是"营养枝"，全靠这些枝的传输、制造营养、光合作用，那花枝才能开出好花结出好果来。

墨子讲的并不错，但我们必须正确理解，什么是"利"？什么叫"利于人"？墨子的这个命题一定要作出诸多界定，才可免入歧途。否则也许反会成为发动战争的借口。

二十四、士君子兴利除害不可不禁乐

今王公大人唯毋为乐，亏夺民衣食之财；以拊乐如此多也。是故墨子曰："为乐非也！"今大钟鸣鼓琴瑟竽笙之声，既已具矣，大人肃然奏而独听之，将何乐得焉哉？其悦将必与贱人，不与君子。与君子听之，废君子听治；与贱人听之，废贱人之从事。

是故，子墨子曰："今天下士君子请将欲求兴天下之利，除天下之害，当在乐之为物，将不可不禁而止也。"

——《墨子·非乐上第三十二》

【直解】

如今各霸一方诸侯国的王公们只为了自己的快乐，而不惜夺占民财危及衣食，去兴办那么多的乐制建设。所以墨子说："搞乐制不是好事。"可以想象一下，乐曲铿锵合鸣地奏起来了，美女歌队舞起来了，瓜果酒宴摆上来了，能是大人独自在听吗？那又何乐之有呢？陪他一起享乐的不是贱人们，就是士君子们。士君子老陪他吃喝玩乐，那还能治政了吗？贱人们老陪他吃喝玩乐，那还能干活做事了吗？

所以，墨子又说："如今天下的士君子们要想以求利兴害除，那就应该把音乐歌舞这种误国害民的事禁绝掉。"

墨子为什么这么反对音乐歌舞呢？因为他在一体上反对孔子制定的那些礼乐制度，孔子的弟子如果一旦出任地方官，都以音乐化民，弄得到处弦歌笙舞，就连晏子、颜回都反对这一套。因为这事，晏子劝齐景公把孔子从齐国赶跑了，怕他用他的"乐"把齐国搞乱套；而颜回听说走到"朝歌"城下，由于这两个字有朝廷一早上就歌舞的意思，所以他为此都不肯入城投宿。而且墨子也看到了当时的歌舞宴乐成了诸侯、贵族们的一种奢靡淫乱方式，屈原的《招魂》《大招》可谓这种方式真实的写照。墨子作了"非乐"上、中、下三篇来对此开展"大批判"，如今只存上篇。

"歌舞升平"与"亡国之音"

音乐歌舞本是劳动人民在劳苦之余，节庆祭祀之时的一种自娱自乐的民间艺术形式。有了阶级、群体、国家形态后，便演变为了一种专业，成为了贵族、领主、统治集团的一种礼乐制度，而一代代堕落为他们的一种逸淫方式，而且无以禁止。陈后主、隋炀帝、唐玄宗、李后主，这些亡国之君之亡国，几乎无不与歌舞游乐有关。所以，后人便对音乐有了两种评价："歌舞升平"与"亡国之音"。

不管怎么评价，音乐是无法消灭的，因为人的本质是欢乐的，乞丐沿街乞讨都要打着呱哒板子、唱着"莲花唠"，小孩子游戏都要伴着唱小曲的节奏，农民干活都要喊两嗓子信天游、秦腔、黄梅戏、二人转。你怎么消灭得了。

罂粟花开得多美呀？它本不为害人而生，你非要炼出烟土服用，怎能归罪于花而还全世界下铲除的通缉令呢？女人本为天下之母，但怎么就变成了"红颜祸水"了呢？那么，音乐又何尝不是如此？

二十五、君子"执有命"为天下大害

故命，上不利于天，中不利于鬼，下不利于人。

是故，子墨子言曰："今天下之士君子，忠实欲天下之富而恶其贫，欲天下之治而恶其乱，执有命之言，不可不非。此天下之大害也。"

——《墨子·非命上第三十五》

【直解】

"故命"：所以说命；"执有命者"：儒家坚持认为人是有命的，认为人的命运都是天定的。所以墨子把这些人称为"执有命者"。而《非命》篇便全部是对儒家"天命观"的批辩。墨子认为儒家既然认为人的吉凶祸福都是天命所定，那还教人修身立德干什么呢？并认为这种"执有命"的观点，上不利天，中不利鬼，下不利人，所以这种观点是天下之大害，必得破除。

【绝非说教】

儒家"三命说"与今人的"三命论"

儒家的"执有命"除了在他们著述中有许多"命矣夫？""命也"，"其如命何？"这样的句子外，集中体现在《孝经援神契》中的三命说："命有三科：有受命以保庆；有遭命以谪暴；有随命以督行。"王焕镳先生的《墨子集诂》中如此引释"三命"：受命——就是得以长寿的吉庆之命；遭命——就是行善而遇凶暴的凶命；随命——就是随善恶而报的报命。这就是墨子批判的主要对象。但显然这不是儒家的主流思想，这些都是那个时代必然留下的历史痕迹，就如同小孩子屁股上的胎记一样，既不碍观瞻，也不影响成长。就如同墨子学说中专有一卷论"天志"，认为有一个天在冥冥中根据他的表现来赏罚天子；一卷"明鬼"证鬼神而实有一样。既不可笑，也非无稽，无非时代局限认识能力不可及的问题。

那么，人有"命"吗？有，而且有"命定"。但不是天命所定，若说天命也可，但并非上天之命定，而是先天之命定。比如：①你在什么时间出生；②你出生在何处；③你出生在什么样的家庭；④你生来的各方面遗传基因怎么样；⑤你的性别是男是女还是中性；⑥你生得美丑高矮残全。至少在这六个方面都是先天所定，你无可选择，而且这些因素至少在很大程度上影响人的命运走向。

如果人这一生只有这一"命"，那就没意思了。有意思的是这些先天定数并不完全决定你的命数，陪着你的还有一"缘"、一"运"。加上一"命"，是这三个方面在决定着你一生的命运。这个"缘"字，就是机缘，你一生中遇到什么机遇、什么人、什么环境，都会改变你的命途走向与归宿；这个"运"字，则在于你个人的选择、把握、价值取向、人生态度、努力程度、修为程度。正是"命"、"缘"、"运"这三个方面构成了你一生的"命"。

人的"命"包含着许多变数，第一得认"命"；第二，得不服"命"；第三，得把握好自己的"命"。"我的地盘我做主"，未必。你必须打破自我的局限，不要画地为牢。但一个人的命运的所有希望却都在后天，所以，终归还是要靠自己的努力。

二十六、君子之道：唯仁义而兴于利止于害

夫一道术学业仁义者，皆大以治人，小以任官；远施周遍，近以修身。不义不处，非理不行。务兴天下之利，曲直周旋，利则止。此君子之道也。以所闻孔某之行，则本与此相反谬也。

——《墨子·非儒下第三十九》

【直解】

"一道术学业仁义者"：君子立道术、学业、仁义，目的没有别的，只有一个，那就是兴天下之利。

曲直周旋：种种变化。

利则止：引墨子他处论"利人乎，即为；不利人乎，即

止"而证，此处似当为"不利则止"。

孔某：指孔子。

相反谬：孔、孟皆力主耻言利，以言利为耻、为害；而墨子则认为君子之道是大兴天下之利：对人有利的，就去践行；对人不利的，就停止。

墨子虽然攻击孔子的"不言利"与他的"君子之道"正相反，但墨子也不是只讲唯利是图，而是以仁义为前提的，不但把仁义作为君子之学业的唯一道术，而且还讲"不义不处，非理不行"，要以仁义治人、任官、远施、近修。在这一点，儒、墨并无本质上的区别。只是在对待"利"的态度上不同。孔孟排斥利，太绝对了，正在这一点上，这两位至圣、亚圣均不为诸侯所用。

墨子虽然也讲仁义，但偏重利，甚至在与公输般论匠艺时都在讲："故所为功，利于人谓之巧；不利于人，谓之拙。"而且墨子在《亲士》篇中更直接地讲道：

故虽有贤君，不爱无功之臣；虽有慈父，不爱无益之子。

墨子所言利并不见得有多么的不对，但这两句话还是有待商量，太绝对了。既然是贤君，那么无论有功无功，他都能令其各得其所，否则便称不得贤君；既然是慈父，那么自己的独生子有益无益，他都得爱，不是理论问题，而是人情人心如此，否则，便称不得慈父。墨子怎能不知此理？只不过，一心为利寻注脚而蒙自己。

【绝非说教】

土地山神不灵也没人烧香上供

墨子言利并不错。人的世界就是一个利益世界，就是土地神仙不灵，也没人去上供。马克思主义的经典作家与操盘者们对利益从不讳言，随便可以引录他们许多对利益毫不讳言的论述，限于篇幅，不赘述。人云"君子不言利"，那么"言利"的算不算君子呢？只要不为自己私谋，而为利天下，你怎么"言利"都不为过，但得确实是对天下有利，而不是舍本逐末、竭泽而渔、遗祸无穷。不是废话，人类最愚蠢之处便是常常以害为宝，孜孜以求而日夜不舍地去舍本逐末、颠倒害利。

君子当以仁义为道，务求利于天下，有害则止。我赞成，投墨子半票。

二十七、君子如钟，但有三不叩必当自鸣

公孟子谓子墨子曰："君子共己以待，问焉则言，不问焉则止。譬若钟然：扣则鸣，不扣则不鸣。"

子墨子曰："是言有三物焉，子乃今知其一身也，又不知其所谓也。"

——《墨子·公孟第四十八》

【直解】

公孟子：与墨子同时的孔门曾子的学生。

共己：拱己，居高下视。

以待：恭候于人而不要主动去讲。

譬若钟然：就像悬钟一样。

扣：通叩，敲击的意思。

"三物"：三端、三种、三条。

一身：一端，一个方面。

"不知其所谓"：只知其一，而不知二三。

这是孔门后世弟子公孟子与墨子关于"君子如钟"的一次辩论的首段。这次二人辩论的核心是：君子当如何去对别人建言。孔门的主张是：君子当像悬钟一样高高地挂在那里，等候别人来敲。敲则鸣，不敲则不鸣。也就是你来问我，我才能告诉你；你不问，我不要主动去说。但墨子认为这是不对的，并指出：君子即便如钟，那么有三种情况，他人不叩也必自鸣，去主动建言劝阻：①君主淫暴；②国将面临大难；③若发不义之师去攻打无罪之国，而势必两败俱伤。在这三种情况下，君子这口"钟"，必定要做到"虽不扣必鸣"，"君子之必以谏。"

【绝非说教】

不是隋炀帝也要慎于"不叩钟"的萧皇后

虽然，这里的君子主要指士大夫阶层，而墨子、公孟二人是在讲士人君子应如何对待君主的行为问题。孔门的主张，显然着眼于明哲保身；墨子的主张，显然是忠君为国至上，而不顾虑效果与身家利害。

遇到上级不端不正甚至有害之处，作为下属理当劝说指明，但多没好下场。上级开明的，你可以讲，不开明的你千万不要讲。讲了也没用的话，你何苦徒劳心思、枉费口舌？弄不好还会以你为敌，做不好也许还会以为是你坏了他的事情。隋炀帝面临兵变之大难，萧皇后屡接宫女密报，她都不肯去进一言，因为她看到了杨广不肯听谏，而且十分讨厌他人称乱、讲真话，向来一意孤行，因谏而不惜杀人的一面，所以她竟然坐视老公的被杀。她绝对够不上君子。夫妻间都如此，为人上者真当好自为之，当自知而必求耳聪目明。尤其是当途掌权者，千万别太自以为是，自作聪明。太阳即便普照天下，阳光灿烂，也还总有照不到的地方，何况领导者也不过同为世间凡夫俗子一个，又有何"万层空间都照到"的特异神通呢？

为什么庙里的和尚无不贯注钟鸣

庙里的和尚、方丈都十分注意听钟鸣，为什么呢？因为钟一鸣就开饭，你不听钟就没饭吃。老百姓也讲："听人劝，吃饱饭。"所以说还是应该学会倾听"叩钟"的声音，即便不为了当君子，为了活着也总得有饭吃啊？尤其是领导者，即使目不明，耳要聪才行。否则，你就很难吃"这碗饭"。

二十八、君子不在外衣而在内里

公孟子戴章甫，搢忽，儒服，而以见墨子曰："君子服，然后行乎？其行然后服乎？"子墨子曰："行不在服。"

——《墨子·公孟第四十八》

【直解】

章甫：朝服，上朝时穿的官服正装。

搢忽："晋笏"的古字。

晋：插着，笏：朝板，双手捧着或挂在衣上，朝臣上朝必用之物，上面可写启奏之事。

服：指外衣，引伸为外表。

行：指出行、入朝，引伸为人的品行、德行。

行不在服：君子在德行而不在服饰外表。

这是墨子与公孟子关于君子的外表与德行的一次长篇辩论的首段，原文意思是说：孔门弟子公孟子穿上朝服，捧着笏板，又以儒家的外表去见墨子问："君子是应该把外衣打扮整齐去出行、入朝，还是应该先出行、入朝，然后再整装呐？"墨子自然知道所问何意，便直截了当地答道："君子在他的举止行为，而不在他的外表。"

公孟子又问何以见得？于是墨子又引经据典，讲到齐桓公、楚庄王都服以富丽的衣冠而国家大治；晋文公服以大布衣、羊皮袄；越王勾践把头发剪掉，身上画了龙纹，一副野人打扮。这四个君主虽然衣冠服饰截然不同，但都把国家治理得很好，成为了春秋列国的霸主。

晏子的看法比墨子似乎更反对追求外表服饰的奢华，以其为邪。在劝谏齐景公时就说道：您"矜衣服之丽，一衣而五彩具"，连鞋都饰银连珠、玉孔、黄金带，虽然很华丽，但却由此"万乘之君，君之魂魄亡矣，以谁与图霸哉？"

"人咸知饰其容，而莫知饰其性"

晋代张华曾著有《女史箴》说：人每天早晨都要揽镜自照梳洗打扮修饰面容，但很少有人如此勤勉地去整理自身内心的修为。其实，服装整洁光鲜，自己看着舒服，对别人也是一种尊重，也没什么不好。不好的是人多把工夫下在外表的整理上，而不去修为内心。怎么不想想看：牛羊猪狗辈即便披着光鲜的外衣，也掩不住内里的腥膻臊臭的俗气喷发。人还是有点自洁能力的为好。恒河的水永远清澈，因为它的河床上有去污的矿物质的化学作用。全世界的污秽下水全流到大海里，但海水从不腐臭，因为海水有一种自洁能力。人的外表很重要，也不至要，至要的是人的行为与内心。有道是"内圣外王"，我们即便没有作圣为王之心，但总该内心清洁。西方的学者讲："人最好的味道是没有味道。"人哪怕是没有味道，也比总散发出不好的味道要好。

二十九、君子不好为人师，
何必以己巾而易人冠

公孟子曰："贫富寿夭，齰然在天，不可损益。"又曰："君子必学。"子墨子曰："教人学而执有命，是犹命人葆而去其冠也。"

——《墨子·公孟第四十八》

【直解】

齰：确然、的确义。

教人学：为人师。

执有命：主张儒家天命学说在墨子的著述中专称"执有命"。

葆：用巾布来包着头。

去其冠：把原来的冠帽换掉。

这段的意思是：公孟子对墨子说，人的穷富与否寿命短长，确实由天命定，而不是可以由人力来增减的。但君子还是必须要通过学习来增加修为改变自己的。墨子答道："教人学问，又主张天命，这与让人把原来的冠幅丢掉，换成用你的布巾来包头有什么不同呢？"

【绝非说教】

人不能总系着"老学校的旧领带"

用新头巾换掉旧帽子也没什么不好。人言洗心革面，无非是弃旧图新之说。汤王讲：人应当像洗澡那样，天天清洗自己，令自己日新。而列宁则讲过：人知道了改变自己的不足，便是走向伟大的开始。而诺奖获得者洛伦兹曾讲过：人不能永远系着小学时代"老学校的旧领带"，总得不断成长起来。

墨子此处的"君子论"值得鉴照的是：其一，人要学会做好自己，而不为异端邪说动摇自己，不能什么都信。墨子不是反对"君子必学"。因为公孟子讲的"学"，是学他的儒学，而墨子是反儒的，因有是说。其二，人最好待人不要取"好为人师"的态度，不有言"人之患，在好为人师"吗？何必让别人按自己的思想行事呢？这个世界若是千人一面，那还真麻烦大了。更何况人都喜欢受尊重，你摆出一副教师爷的架子，谁乐于接受呢？即便本是师生，那也不行，你有你的师道尊严，而学生更有人的尊严而不可干犯。否则只有反动随之而来，而你又何教何育？快检讨自己。

三十、"俗君子"只识小物，士君子当知其大

子墨子为鲁阳文君曰："世俗之君子，皆知小物而不知大物。今有人于此，窃一犬一彘，则谓之不仁，窃一国一都，则以为义。譬犹小视白谓之白，大视白则谓之黑。是故世俗之君子，知小物而不知大物者，此若言之谓也。"

——《墨子·鲁问第四十九》

【直解】

鲁阳文君：与墨子同时代的鲁公。当为鲁悼公、元公、穆公之一。

小物：小处、小端、小事。

小视白：处于大片黑色中很小的白色，在近处者是白的，

但远处看就是黑的。这里有黑白颠倒义。

墨子在这里提出了一个新概念——"世俗君子"，这种人只知小而不知大，只见小而不见大。把那些只偷一狗一猪的小偷，看成是不仁的贼，而对那些窃国大盗，只因为他们偷成了，便称之为义。

【绝非说教】

失败者非但树倒猢狲散

仔细想来，也是。胜者王侯败者贼，古今如此，只要成功了你不仁义，也是天子，哪怕你是狗尿苔坐在了金銮殿上，普天之下也三叩九拜。而西方则讲：你就是把洗脚的铜盆打成神像，人们照样顶礼膜拜。而失败了，你再仁义，也是贼，到处被追捕流亡。看来人只能成功，不能失败。失败了，不但连追随者都没有，还会更惨。历史上那些起义、变乱的首脑人物一旦失败了，不但树倒猢狲散，而且常常被那些没散的猢狲割了头颅，拿去向胜利者邀功请赏。悲夫，君子真当自强不息，只能成功，不能失败。但摔倒了不等于失败，爬不起来才是失败。

既见泰见又能明察秋毫可谓兼得

墨子此论给人的启示是：其一，应学会大处着眼，从整体、大局上来认识问题处理问题，不能明察秋毫而不见车薪、一叶障目不见泰山；其二，也不能忽略小处。你把远处的大山看得清清楚楚却没看到脚下的小坎坷，同样会跌跤摔倒。小节、小处有时决定成败，不决定成败也决定成色。

人还是要大处着眼、小处落墨。所有画师作画，无不先有整体结构，然后一笔笔地去小处落墨。就是大写意的，也要胸有成竹。写文章虽然着重谋篇布局，但也离不开一笔一笔一个字一个字地来写。世间事还是一个"兼"字最妙。不能说见大就好，见小就不好；"工笔"就好，"大写意"就不好。还是审时度势，权重衡轻，随机而处置，两相兼顾，各有侧重为好。

后 记

　　本书所依据的底本，为我国现代著名学者王焕镳先生的名作《墨子集诂》。该书既汇集了我国历代墨学研究的多家训诂成果，也凝聚着先生的真知灼见与多少年的心血，称得上是学界中一位治学严谨的真正的专家学者。本人在辑录本书的过程中获益良多，不能不以一言鸣谢。

　　本书选录的重点虽以"君子"、"人格"为主题词，但也同时收入了墨子的相关思想，因为墨子的学说多与"天下士君子"在争辩、论说，因而颇多国策、官德之论，但皆与君子人格有所关联，是以一并收录，以期对墨子学说有所整体了解。希望能受到读者的喜欢。文中若有误读误解处，欢迎批评教正。

周殿富

2014年9月于北京

墨

语

（九十章）

小 序

　　《墨语》包括墨子的"耕柱"、"贵义"、"公孟"、"鲁问"、"公输"等五篇。因其题材、体例、风格公认均近于孔子的《论语》，所以被称为《墨语》，相当于一部"墨子语录"。

　　《墨语》五篇中多为墨子游说诸侯、士大夫与本门弟子及孔门弟子问答式或与他人论辩的言论，基本是墨门弟子们把他一生的有关言论，分篇主题辑录而成。"耕柱"篇主要辑录了墨子与本门弟子的对话，主要通过对弟子的评价，对弟子提问的回答，对弟子们有关困惑的解说，阐释了墨子的做人、为官、行政、兼爱、尚义等思想。"贵义"篇主要集中于弟子们论述如何行义的问题。"公孟"篇主要记录了墨子与孔门弟子公孟、告子及本门弟子批判儒家的一些观点、学说的言论。"鲁问"篇主要记录了墨子游说诸侯与士大夫及本门弟子的一些对话、说辞，主要阐述他的非攻、兼爱、尚贤、尚同、非乐、非命、天志、事鬼、行仁义等一贯的基本思想。"公输"篇主要记述了墨子为了阻止楚国攻宋的战争计划实行，与公输般的论战与对楚王的说辞。

这五篇的版本出处同前。为吉林人民版传统文化读本丛书中的白文本《墨子》。编者为了方便读者阅读，对原版进行了新编，计分为九十章，流水一贯排序。

编者谨致

耕柱篇

一

子墨子怒耕柱子。耕柱子曰："我毋俞于人乎？"

子墨子曰："我将上大行，驾骥与羊，我将谁驱？"耕柱子曰："将驱骥也。"子墨子曰："何故驱骥也？"耕柱子曰："骥足以责。"子墨子曰："我亦以子为足以责。"

二

巫马子谓子墨子曰："鬼神孰与圣人明智？"

子墨子曰："鬼神之明智于圣人，犹聪耳明目之与聋瞽也。昔者夏后开使蜚廉折金于山川，而陶铸之于昆吾；是使翁难雉乙卜于白若之龟，曰：'鼎成三足而方，不炊而自烹，不举而自臧，不迁而自行。以祭于昆吾之虚，上飨！'卜人言兆之由曰：'飨矣！逢逢白云，一南一北，一西一东，九鼎既成，迁于三国。'夏后氏失之，殷人受之；殷人失之，周人受之。夏后殷周之相受也，数百岁矣。使圣人聚其良臣，与其桀相而谋，岂能智数百岁之后哉？而鬼神智之。是故曰：鬼神之明智于圣人也，犹聪耳明目之与聋瞽也。"

三

治徒娱县子硕，问于子墨子曰："为义孰为大务？"

子墨子曰："譬若筑墙然，能筑者筑，能实壤者实壤，能欣者欣，然后墙成也。为义犹是也，能谈辩者谈辩，能说书者说书，能从事者从事，然后义事成也。"

四

巫马子谓子墨子曰："子兼爱天下，未云利也；我不爱天下，未云贼也。功皆未至，子何独自是而非我哉？"

子墨子曰："今有燎者于此，一人奉水将灌之，一人掺火将益之，功皆未至，子何贵于二人？"

巫马子曰："我是彼奉水者之意，而非夫掺火者之意。"

子墨子曰："吾亦是吾意，而非子之意也。"

五

子墨子游荆耕柱子于楚。二三子过之。食之三升，客之不厚。二三子复于子墨子曰："耕柱子处楚无益矣！二三子过之，食之三升，客之不厚。"子墨子曰："未可智也。"

毋几何而遗十金于子墨子，曰："后生不敢死，有十金于此，愿夫子之用也。"

子墨子曰："果未可智也。"

六

巫马子谓子墨子曰："子之为义也，人不见而耶，鬼而不见而富，而子为之，有狂疾。"

子墨子曰："今使子有二臣于此，其一人者见子从事，不见子则不从事；其一人者见子亦从事，不见子亦从事，子谁贵于此二人？"巫马子曰："我贵其见我亦从事，不见我亦从事者。"

子墨子曰："然则是子亦贵有狂疾也。"

七

子夏之徒问于子墨子曰："君子有斗乎？"子墨子曰："君子无斗。"

子夏之徒曰："狗豨犹有斗，恶有士而无斗矣？"子墨子曰："伤矣哉！言则称于汤文，行则譬于狗豨，伤矣哉！"

八

巫马子谓子墨子曰："舍今之人而誉先王，是誉槁骨也。譬若匠人然，智槁木也，而不智生木。"

子墨子曰："天下之所以生者，以先王之道教也。今誉先王，是誉天下之所以生也。可誉而不誉，非仁也。"

九

子墨子曰："和氏之璧、隋侯之珠、三棘六异，此诸侯之所谓良宝也。可以富国家，众人民，治刑政，安社稷乎？"

曰："不可。所谓贵良宝者，为其可以利也。而和氏之璧、隋侯之珠、三棘六异，不可以利人，是非天下之良宝也。今用义为政于国家，人民必众，刑政必治，社稷必安。所为贵良宝者，可以利民也，而义可以利人，故曰：义，天下之良宝也。"

十

叶公子高问政于仲尼曰："善为政者若之何？"仲尼对曰："善为政者，远者近之，而旧者新之。"

子墨子闻之曰："叶公子高未得其问也，仲尼亦未得其所以对也。叶公子高岂不知善为政者之远者近也，而旧者新是哉？问所以为之若之何也。不以人之所不知告人，以所知告之，故叶公子高未得其问也，仲尼亦未得其所以对也。"

十一

子墨子谓鲁阳文君曰："大国之攻小国，譬犹童子之为马也。童子之为马，足用而劳。今大国之攻小国也，守者，农夫不得耕，妇人不得织，以守为事；攻人者，亦农夫不得耕，妇人不得织，以攻为事。故大国之攻小国也，譬犹童子之为马也。"

十二

子墨子曰："言足以复行者，常之；不足以举行者，勿常。不足以举行而常之，是荡口也。"

十三

子墨子使管黔放游高石子于卫，卫君致禄甚厚，设之于卿。高石子三朝必尽言，而言无行者。

去而之齐，见子墨子曰："卫君以夫子之故，致禄甚厚，设我于卿，石三朝必尽言，而言无行，是以去之也。卫君无乃以石为狂乎？"

子墨子曰："去之苟道，受狂何伤！古者周公旦非关叔，辞三公，东处于商奄，人皆谓之狂，后世称其德，扬其名，至今不息。且翟闻之：'为义非避毁就誉。'去之苟道，受狂何伤！"

高石子曰："石去之，焉敢不道也！昔者夫子有言曰：'天下无道，仁士不处厚焉。'今卫君无道，而贪其禄爵，则是我为苟陷人长也。"

子墨子说，而召子禽子曰："姑听此乎！夫倍义而乡禄者，我常闻之矣；倍禄而乡义者，于高石子焉见之也。"

十四

子墨子曰："世俗之君子，贫而谓之富则怒，无义而谓之有义则喜。岂不悖哉！"

十五

公孟子曰："先人有，则三而已矣。"子墨子曰："孰先人而曰有则三而已矣？子未智人之先有后生。"

十六

有反子墨子而反者，"我岂有罪哉？吾反后。"子墨子曰："是犹三军北，失后之人求赏也。"

十七

公孟子曰："君子不作，术而已。"子墨子曰："不然。

人之甚不君子者，古之善者不述，今也善者不作。其次不君子者，古之善者不述，己有善则作之，欲善之自己出也。今述而不作，是无所异于不好遂而作者矣。吾以为古之善者则述之，今之善者则作之，欲善之益多也。"

十八

巫马子谓子墨子曰："我与子异，我不能兼爱。我爱邹人于越人，爱鲁人于邹人，爱我乡人于鲁人，爱我家人于乡人，爱我亲于我家人，爱我身于吾亲，以为近我也。击我则疾，击彼则不疾于我，我何故疾者之不拂，而不疾者之拂？故有我有杀彼以利我，无杀我以利彼。"

子墨子曰："子之义将匿邪，意将以告人乎？"巫马子曰："我何故匿我义？吾将以告人。"

子墨子曰："然则一人说子，一人欲杀子以利己；十人说子，十人欲杀子以利己；天下说子，天下欲杀子以利己。一人不说子，一人欲杀子，以子为施不祥言者也；十人不说子，十人欲杀子，以子为施不祥言者也；天下不说子，天下欲杀子，以子为施不祥言者也。说子亦欲杀子，不说子亦欲杀子，是所谓经者口也，杀常之身者也。"

子墨子曰："子之言恶利也？若无所利而不言，是荡口也。"

十九

子墨子谓鲁阳文君曰："今有一人于此，羊牛刍豢，雍人但割而和之，食之不可胜食也，见人之作饼，则还然窃之，曰：'舍余食。'不知肥甘安不足乎？其有窃疾乎？"

鲁阳文君曰："有窃疾也。"子墨子曰："楚四竟之田，旷芜而不可胜辟，评灵数千，不可胜，见宋、郑之闲邑，则还然窃之，此与彼异乎？"

鲁阳文君曰："是犹彼也，实有窃疾也。"

二十

子墨子曰："季孙绍与孟伯常治鲁国之政，不能相信，而祝于丛社曰：'苟使我和。'是犹弇其目而祝于丛社也，'若使我皆视。'岂不缪哉！"

二十一

子墨子谓骆滑氂曰："吾闻子好勇。"骆滑氂曰："然。

我闻其乡有勇士焉，吾必从而杀之。"

子墨子曰："天下莫不欲兴其所好，废其所恶。今子闻其乡有勇士焉，必从而杀之，是非好勇也，是恶勇也。"

贵义篇

二十二

子墨子曰："万事莫贵于义。今谓人曰：'予子冠履，而断子之手足，子为之乎？'必不为，何故？则冠履不若手足之贵也。又曰：'予子天下而杀子之身，子为之乎？'必不为，何故？则天下不若身之贵也。争一言以相杀，是贵义于其身也。故曰：万事莫贵于义也"。

二十三

子墨子自鲁即齐，过故人，谓子墨子曰："今天下莫为义，子独自苦而为义，子不若已。"

子墨子曰："今有人于此，有子十人，一人耕而九人处，则耕者不可以不益急矣。何故？则食者众而耕者寡也。今天下莫为义，则子如劝我者也，何故止我？"

二十四

子墨子南游于楚，献书惠王。献惠王以老辞，使穆贺见子墨子。

子墨子说穆贺，穆贺大说，谓子墨子曰："子之言，则成善矣！而君王，天下之大王也，毋乃曰'贱人之所为'，而不用乎？"

子墨子曰："唯其可行。譬若药然，草之本，天子食之，以顺其疾，岂曰'一草之本'而不食哉？今农夫入其税于大人，大人为酒醴粢盛，以祭上帝鬼神，岂曰'贱人之所为'而不享哉？故虽贱人也，上比之农，下比之药，曾不若一草之本乎？且主君亦尝闻汤之说乎？昔者汤将往见伊尹，令彭氏之子御，彭氏之子半道而问曰：'君将何之？'汤曰：'将往见伊尹。'彭氏之子曰：'伊尹，天下之贱人也。若君欲见之，亦令召问焉，彼受赐矣。'汤曰：'非女所知也。今有药于此，食之则耳加聪，目加明，则吾必说而强食之。今夫伊尹之于我国也，譬之良医善药也。而子不欲我见伊尹，是子不欲吾善也。'因下彭氏之子，不使御。彼苟然，然后可也。"

二十五

子墨子曰："凡言凡动，利于天、鬼、百姓者为之；凡言凡动，害于天、鬼、百姓者舍之。凡言凡动，合于三代圣王尧、舜、禹、汤、文、武者为之；凡言凡动，合于三代暴王桀、纣、幽、厉者舍之。"

二十六

子墨子曰："言足以迁行者，常之；不足以迁行者，勿常。不足以迁行而常之，是荡口也。"

二十七

子墨子曰："默则思，言则诲，动则事，合三者代御，必为圣人。"

"必去六辟，必去喜，去怒，去乐，去悲，去爱，去恶，而用仁义。手足口鼻耳目，从事于义，必为圣人。"

二十八

子墨子谓二三子曰："为义而不能，必无排其道。譬若匠人之斫而不能，无排其绳。"

二十九

子墨子曰："世之君子，使之为一犬一彘之宰，不能则辞之；使为一国之相，不能而为之。岂不悖哉！"

三十

子墨子曰："今瞽曰：'钜者白也，黔者黑也。'虽明目者无以易之。

兼白黑，使瞽取焉，不能知也。故我曰瞽不知白黑者，非以其名也，以其取也。今天下之君子之名仁也，虽禹、汤无以易之。兼仁与不仁，而使天下之君子取焉，不能知也。故我曰天下之君子不知仁者，非以其名也，亦以其取也。"

三十一

子墨子曰："今士之用身，不若商人之用一布之慎也。商人用一布，不敢继苟而雠焉，必择良者。今士之用身则不然，意之所欲则为之，厚者入刑罚，薄者被毁丑，则士之用身，不若商人之用一布之慎也。"

三十二

子墨子曰："世之君子欲其义之成，而助之修其身则愠，是犹欲其墙之成，而人助之筑则愠也。岂不悖哉！"

三十三

子墨子曰："古之圣王，欲传其道于后世，是故书之竹帛，镂之金石，传遗后世子孙，欲后世子孙法之也。今闻先王之遗而不为，是废先王之传也。"

三十四

子墨子南游使卫，关中载书甚多，弦唐子见而怪之，曰："吾夫子教公尚过曰：'揣曲直而已。'今夫子载书甚多，何有也？"

子墨子曰："昔者周公旦朝读书百篇，夕见漆十士，故周公旦佐相天子，其修至于今。翟上无君上之事，下无耕农之难，吾安敢废此？翟闻之：'同归之物，信有误者。'然而民听不钧，是以书多也。今若过之心者，数逆于精微。同归之物，既已知其要矣，是以不教以书也。而子何怪焉？"

三十五

子墨子谓公良桓子曰："卫，小国也，处于齐、晋之间，犹贫家之处于富家之间也。贫家而学富家之衣食多用，则速亡必矣。今简子之家，饰车数百乘，马食菽粟者数百匹，妇人衣文绣者数百人，吾取饰车食马之费，与绣衣之财，以畜士，必千人有余。若有患难，则使百人处于前，数百于后，与妇人数百人处前后，孰安？吾以为不若畜士之安也。"

三十六

子墨子仕人于卫，所仕者至而反。子墨子曰："何故反？"对曰："与我言而不当。曰'待女以千盆'，授我五百盆，故去之也。"子墨子曰："授子过千盆，则子去之乎？"对曰："不去。"子墨子曰："然则非为其不审也，为其寡也。"

三十七

子墨子曰："世俗之君子，视义士不若负粟者。今有人于此，负粟息于路侧，欲起而不能，君子见之，无长少贵贱，必起之。何故也？曰：义也。

"今为义之君子，奉承先王之道以语之，纵不说而行，又从而非毁之，则是世俗之君子之视义士也，不若视负粟者也。"

三十八

子墨子曰："商人之四方，市贾倍徙，虽有关梁之难，盗贼之危，必为之。今士坐而言义，无关梁之难，盗贼之危，此为倍徙，不可胜计，然而不为，则士之计利，不若商人之察也。"

三十九

子墨子北之齐，过日者。日者曰："帝以今日杀黑龙于北方，而先生之色黑，不可以北。"子墨子不听，遂北，至淄水，不遂而反焉。

日者曰："我谓先生不可以北。"子墨子曰："南之人不得北，北之人不得南，其色有黑者，有白者，何故皆不遂也？且帝以甲乙杀青龙于东方，以丙丁杀赤龙于南方，以庚辛杀白龙于西方，以壬癸杀黑龙于北方，若用子之言，则是禁天下之行者也。是围心而虚天下也，子之言不可用也。"

四十

子墨子曰："吾言足用矣，舍言革思者，是犹舍获而攘粟也。以其言非吾言者，是犹以卵投石也，尽天下之卵，其石犹是也，不可毁也。"

公孟篇

四十一

公孟子谓子墨子曰:"君子共己以待,问焉则言,不问焉则止。譬若钟然,扣则鸣,不扣则不鸣。"

子墨子曰:"是言有三物焉,子乃今知其一耳也,又未知其所谓也。若大人行淫暴于国家,进而谏,则谓之不逊;因左右而献谏,则谓之言议。此君子之所疑惑也。若大人为政,将因于国家之难,譬若机之将发也然,君子之必以谏,然而大人之利。若此者,虽不扣必鸣者也。若大人举不义之异行,虽得大巧之经,可行于军旅之事,欲攻伐无罪之国,有之也,君得之,则必用之矣。以广辟土地,著税伪材,出必见辱,所攻者不利,而攻者亦不利,是两不利也。若此者,虽不扣,必鸣者也。且子曰：'君子共己以待，问焉则言，不问焉则止，譬若钟然，扣则鸣，不扣则不鸣。'今未有扣，子而言，是子之谓不扣而鸣邪？是子之所谓非君子邪？"

四十二

公孟子谓子墨子曰："实为善，人孰不知？譬若良玉，处而不出有馀精。譬若美女，处而不出，人争求之；行而自衒，人莫之取也。今子遍从人而说之，何其劳也！"

子墨子曰："今夫世乱，求美女者众，美女虽不出，人多求之；今求善者寡，不强说人，人莫之知也。且有二生于此，善筮，一行为人筮者，一处而不出者，行为人筮者，与处而不出者，其糈孰多？"

公孟子曰："行为人筮者，其糈多。"子墨子曰："仁义钧，行说人者，其功善亦多。何故不行说人也。"

四十三

公孟子戴章甫，儒服，而以见子墨子，曰："君子服然后行乎？其行然后服乎？"子墨子曰："行不在服。"

公孟子曰："何以知其然也？"子墨子曰："昔者齐桓公

高冠博带，金剑木盾，以治其国，其国治。昔者晋文公大布之衣，牂羊之裘，韦以带剑，以治其国，其国治。昔者楚庄王鲜冠组缨，绛衣博袍，以治其国，其国治。昔者越王勾践剪发文身，以治其国，其国治。此四君者，其服不同，其行犹一也。翟以是知行之不在服也。"

公孟子曰："善！吾闻之曰：宿善者不祥。请舍忽，易章甫，复见夫子，可乎？"子墨子曰："请因以相见也。若必将舍忽、易章甫，而后相见，然则行果在服也。"

四十四

公孟子曰："君子必古言服，然后仁。"子墨子曰："昔者商王纣、卿士费仲，为天下之暴人；箕子、微子、为天下之圣人。此同言，而或仁不仁也。周公旦为天下之圣人，关叔为天下之暴人，此同服，或仁或不仁。然则不在古服与古言矣。且子法周而未法夏也，子之古，非古也。"

四十五

公孟子谓子墨子曰："昔者圣王之列也，上圣立为天子，其次立为卿大夫。今孔子博于《诗》、《书》，察于礼乐，详于万物，若使孔子当圣王，则岂不以孔子为天子哉？"

子墨子曰："夫知者，必尊天事鬼，爱人节用，合焉为知矣。今子曰'孔子博于《诗》、《书》，察于礼乐，详于万物'，而曰可以为天子。是数人之齿，而以为富。"

四十六

公孟子曰："贫富寿夭，齰然在天，不可损益。"又曰："君子必学。"子墨子曰："教人学而执有命，是犹命人葆而去其冠也。"

四十七

公孟子谓子墨子曰："有义不义，无祥不祥。"子墨子曰："古圣王皆以鬼神为神明，而为祸福，执有祥不祥，是以政治而国安也。自桀、纣以下，皆以鬼神为不神明，不能为祸福，执无祥不祥，是以政乱而国危也。故先王之书，子亦有之曰：'其傲也出，于子不祥。'此言为不善之有罚，为善之有赏。"

四十八

子墨子谓公孟子曰："丧礼，君与父母、妻、后子死，三年丧服；伯父、叔父、兄弟期；戚族人五月；姑、姊、舅、甥皆有数月之丧。或以不丧之间，诵诗三百，弦诗三百，歌诗三百，舞诗三百。若用子之言，则君子何日以听治？庶人何日以从事？"

四十九

公孟子曰："国乱则治之，国治则为礼乐；国治则从事，国富则为礼乐。"

子墨子曰："国之治也，治之，故治也。治之废，则国之治亦废。国之富也，从事故富也。从事废，则国之富亦废。故虽治国，劝之无餍，然后可也。今子曰国治则为礼乐，乱则治之，是譬犹渴而穿井也，死而求医也。古者三代暴王桀、纣、幽、厉，荣为声乐，不顾其民，是以身为刑戮，国为戾虚者，皆从此道也。"

五十

公孟子曰："无鬼神。"又曰："君子必学祭礼。"子墨子曰："执无鬼而学祭礼，是犹无客而学客礼也，是犹无鱼而为鱼罟也。"

五十一

公孟子谓子墨子曰："子以三年之丧为非，子之三日之丧亦非也。"子墨子曰："子以三年之丧非三日之丧，是犹倮谓撅者不恭也。"

五十二

公孟子谓子墨子曰："知有贤于人，则可谓知乎？"子墨子曰："愚之知有以贤于人，而愚岂可谓知矣哉？"

五十三

公孟子曰："三年之丧，学吾之慕父母。"子墨子曰：

"夫婴儿子之知，独慕父母而已，父母不可得也，然号而不止，此其故何也？即愚之至也。然则儒者之知，岂有以贤于婴儿子哉？"

五十四

子墨子问于儒者曰："何故为乐？"曰："乐以为乐也。"

子墨子曰："子未我应也。今我问曰：'何故为室？'曰：'冬避寒焉，夏避暑焉，且以为男女之别也。'则子告我为室之故矣。今我问曰：'何故为乐？'曰：'乐以为乐也。'是犹曰：'何故为室？'曰：'室以为室也。'"

五十五

子墨子谓程子曰："儒之道足以丧天下者，四政焉。儒以天为不明，以鬼为不神，天、鬼不说，此足以丧天下。又厚葬久丧，重为棺椁，多为衣衾，送死若徙，三年哭泣，扶后起，杖后行，耳无闻，目无见，此足以丧天下。又弦歌鼓舞，习为声乐，此足以丧天下。又以命为有，贫富寿夭、治乱安危有极矣，不可损益也。为上者行之，必不听治矣。为下者行之，必不从事矣。此足以丧天下。”

程子曰：“甚矣，先生之毁儒也！”子墨子曰：“儒固无此若四政者，而我言之，则是毁也。今儒固有此四政者，而我言之，则非毁也，告闻也。”程子无辞而出。子墨子曰：“迷之！”

反，后坐，进复曰：“乡者先生之言有可闻者焉。若先生之言，则是不誉禹，不毁桀、纣也。”子墨子曰：“不然。夫应孰称议而为之，敏也。厚攻则厚吾，薄攻则薄吾。应孰辞而称议，是犹荷辕而击蛾也。”

五十六

子墨子与程子辩，称于孔子。程子曰：“非儒，何故称于孔子也？”子墨子曰：“是亦当而不可易者也。今鸟闻热旱之忧则高，鱼闻热旱之忧则下，当此，虽禹、汤为之谋，必不能易矣。鸟鱼可谓愚矣，禹、汤犹云因焉。今翟曾无称于孔子乎？”

五十七

有游于子墨子之门者，谓子墨子曰：“先生以鬼神为明知，能为祸福，为善者富之，为暴者祸之。今吾事先生久矣，而福不至，意者先生之言有不善乎？鬼神不明乎？我何故不得福也？”

子墨子曰："虽子不得福，吾言何遽不善？而鬼神何遽不明？子亦闻乎匿徒之刑之有刑乎？"对曰："未之得闻也。"

子墨子曰："今有人于此，什子，子能什誉之，而一自誉乎？"对曰："不能。""有人于此，百子，子能终身誉其善，而子无一乎？"对曰："不能。"

子墨子曰："匿一人者犹有罪，今子所匿者若此其多，将有厚罪者也，何福之求？"

五十八

子墨子有疾，跌鼻进而问曰："先生以鬼神为明，能为祸福，为善者赏之，为不善者罚之。今先生圣人也，何故有疾？意者先生之言有不善乎？鬼神不明知乎？"子墨子曰："虽使我有病，何遽不明？人之所得于病者多方，有得之寒暑，有得之劳苦。百门而闭一门焉，则盗何遽无从入哉？"

五十九

有游于子墨子之门者，身体强良，思虑徇通，欲使随而学。子墨子曰："姑学乎，吾将仕子。"劝于善言而学。其年，而责仕于子墨子。

子墨子曰："不仕子。子亦闻夫鲁语乎？鲁有昆弟五人者，其父死，其长子嗜酒而不葬，其四弟曰：'子与我葬，当为子沽酒。'劝于善言而葬。已葬而责酒于其四弟。四弟曰：'吾未予子酒矣。子葬子父，我葬吾父，岂独吾父哉？子不葬，则人将笑子，故劝子葬也。'今子为义，我亦为义，岂独我义也哉？子不学则人将笑子，故劝子于学。"

六十

有游于子墨子之门者，子墨子曰："盍学乎？"对曰："吾族人无学者。"子墨子曰："不然。夫好美者，岂曰吾族人莫之好，故不好哉？夫欲富贵者，岂曰我族人莫之欲，故不欲哉？好美、欲富贵者，不视人犹强为之。夫义，天下之大器也，何以视人？必强为之。"

六十一

二三子有复于子墨子学射者，子墨子曰："不可。夫知者必量其力所能至而从事焉。国士战且扶人，犹不可及也。今子非国士也，岂能成学又成射哉？"

六十二

二三子复于子墨子曰:"告子曰:'言义而行甚恶。'请弃之。"子墨子曰:"不可。称我言以毁我行,愈于亡。有人于此:'翟甚不仁,尊天、事鬼、爱人,甚不仁。'犹愈于亡也。今告子言谈甚辩,言仁义而不吾毁;告子毁,犹愈亡也!"

六十三

二三子复于子墨子曰:"告子胜为仁。"子墨子曰:"未必然也。告子为仁,譬犹跂以为长,隐以为广,不可久也。"

六十四

告子谓子墨子曰:"我治国为政。"子墨子曰:"政者,口言之,身必行之。今子口言之,而身不行,是子之身乱也。子不能治子之身,恶能治国政?子姑亡,子之身乱之矣!"

鲁问篇

六十五

鲁君谓子墨子曰："吾恐齐之攻我也，可救乎？"

子墨子曰："可。昔者，三代之圣王禹、汤、文、武，百里之诸侯也，说忠行义，取天下；三代之暴王桀、纣、幽、厉，雠怨行暴，失天下。吾愿主君之上者尊天事鬼，下者爱利百姓，厚为皮币，卑辞令，亟遍礼四邻诸侯，驱国而以事齐，患可救也。非愿无可为者。"

六十六

齐将伐鲁，子墨子谓项子牛曰："伐鲁，齐之大过也。昔者，吴王东伐越，栖诸会稽；西伐楚，葆昭王于随；北伐齐，取国子以归于吴。诸侯报其雠，百姓苦其劳，而弗为用。是以国为虚戾，身为刑戮也。昔者智伯伐范氏与中行氏，兼三晋之地。诸侯报其雠，百姓苦其劳，而弗为用。是以国为虚戾，身为刑戮，用是也。故大国之攻小国也，是交相贼也，过必反于国。"

六十七

子墨子见齐大王曰："今有刀于此，试之人头，倅然断之，可谓利乎？"大王曰："利。"

子墨子曰："多试之人头，倅然断之，可谓利乎？"大王曰："利。"

子墨子曰："刀则利矣，孰将受其不祥？"大王曰："刀受其利，试者受其不祥。"

子墨子曰："并国覆军，贼杀百姓，孰将受其不祥？"大王俯仰而思之，曰："我受其不祥。"

六十八

鲁阳文君将攻郑，子墨子闻而止之，谓阳文君曰："今使鲁四境之内，大都攻其小都，大家伐其小家，杀其人民，取其牛马、狗豕、布帛、米粟、货财，则何若？"

鲁阳文君曰："鲁四境之内，皆寡人之臣也。今大都攻其小都，大家伐其小家，夺之货财，则寡人必将厚罚之。"子墨子曰："夫天之有兼有天下也，亦犹君之有四境之内也。今举兵将以攻郑，天诛其不至乎？"鲁阳文君曰："先生何止我攻郑也？我攻郑，顺于天之志。郑人三世杀其父，天加诛焉，使三年不全，我将助天诛也。"

子墨子曰："郑人三世杀其父，而天加诛焉，使三年不全，天诛足矣。今又举兵，将以攻郑，曰吾攻郑也，顺于天之志。譬有人于此，其子强梁不材，故其父答之，其邻家之父，举木而击之，曰：吾击之也，顺于其父之志。则岂不悖哉！"

六十九

子墨子谓鲁阳文君曰："攻其邻国，杀其民人，取其牛马、粟米、货财，则书之于竹帛，镂之于金石，以为铭于钟鼎，传遗后世子孙，曰：'莫若我多！'今贱人也，亦攻其邻家，杀其人民，取其狗豕、食粮、衣裘，亦书之竹帛，以为铭于席豆，以遗后世子孙，曰：'莫若我多！'其可乎？"鲁阳文君曰："然。吾以子之言观之，则天下之所谓可者，未必然也。"

七十

子墨子为鲁阳文君曰："世俗之君子，皆知小物，而不知大物。今有人于此，窃一犬一彘，则谓之不仁，窃一国一都，则以为义。譬犹小视白谓之白，大视白则谓之黑。是故世俗之君子，知小物而不知大物者，此若言之谓也。"

七十一

鲁阳文君语子墨子曰："楚之南，有啖人之国者焉，其国之长子生，则解而食之，谓之宜弟，美则以遗其君，君喜则赏其父。岂不恶俗哉？"

子墨子曰："虽中国之俗，亦犹是也。杀其父而赏其子，何以异食其子而赏其父者哉？苟不用仁义，何以非夷人食其子也？"

七十二

鲁君之嬖人死，鲁君为之诔，鲁人因说而用之。子墨子闻之曰："诔者，道死人之志也。今因说而用之，是犹以来首从服也。"

七十三

鲁阳文君谓子墨子曰："有语我以忠臣者，令之俯则俯，令之仰则仰，处则静，呼则应，可谓忠臣乎？"

子墨子曰："令之俯则俯，令之仰则仰，是似景也；处则静，呼则应，是似响也。君将何得于景与响哉？若以翟之所谓忠臣者，上有过，则微之以谏；己有善，则访之上，而无敢以告。匡其邪，而入其善。尚同而无下比，是以美善在上，而怨雠在下；安乐在上，而忧戚在臣。此翟之所谓忠臣者也。"

七十四

鲁君谓子墨子曰："我有二子，一人者好学，一人者好分人财，孰以为太子而可？"子墨子曰："未可知也。或所为赏与为是也。钓者之恭，非为鱼赐也；饵鼠以虫，非爱之也。吾愿主君之合其志功而观焉。"

七十五

鲁人有因子墨子而学其子者,其子战而死,其父让子墨子。

子墨子曰:"子欲学子之子,今学成矣,战而死,而子愠,而犹欲粜籴,雠则愠也。岂不费哉!"

七十六

鲁之南鄙人有吴虑者,冬陶夏耕,自比于舜。子墨子闻而见之。

吴虑谓子墨子:"义耳义耳,焉用言之哉?"子墨子曰:"子之所谓义者,亦有力以劳人,有财以分人乎?"吴虑曰:"有。"

子墨子曰:"翟尝计之矣。翟虑耕而食天下之人矣。盛,然后当一农之耕,分诸天下,不能人得一升粟。籍而以为得一升粟,其不能饱天下之饥者,既可睹矣。翟虑织而衣天下之人矣,盛,然后当一妇人之织,分诸天下,不能人得尺布。籍而以为得尺布,其不能暖天下之寒者,既可睹矣。翟虑被坚执锐,救诸侯之患,盛,然后当一夫之战,一夫之战,其不御三军,既可睹矣。翟以为不若诵先王之道,而求其说,通圣人之言，而察其辞，上说王公大人，次说匹夫徒步之士。王公大人用吾言，国必治；匹夫徒步之士用吾言，行必修。故翟以为虽不耕而食饥，不织而衣寒，功贤于耕而食之、织而衣之者也。故翟以为虽不耕织乎，而功贤于耕织也。”

吴虑谓子墨子曰："义耳义耳，焉用言之哉？"子墨子曰："籍设而天下不知耕，教人耕，与不教人耕而独耕者，其功孰多？"吴虑曰："教人耕者，其功多。"

子墨子曰："籍设而攻不义之国，鼓而使众进战，与不鼓而使众进战而独进战者，其功孰多？"吴虑曰："鼓而进众者，其功多。"

子墨子曰："天下匹夫徒步之士少知义，而教天下以义者，功亦多，何故弗言也？若得鼓而进于义，则吾义岂不益进哉！"

七十七

子墨子游公尚过于越。公尚过说越王，越王大说，谓公尚过曰："先生苟能使子墨子至于越而教寡人，请裂故吴之地，方五百里，以封子墨子。"

公尚过许诺。遂为公尚过束车五十乘，以迎子墨子于鲁。曰："吾以夫子之道说越王，越王大说，谓过曰：'苟能使子墨子至于越而教寡人，请裂故吴之地，方五百里，以封子。'"

子墨子谓公尚过曰："子观越王之志何若？意越王将听吾言，用吾道，则翟将往，量腹而食，度身而衣，自比于群臣，奚能以封为哉！抑越不听吾言，不用吾道，而吾往焉，则是我以义糶也。钧之糶，亦于中国耳，何必于越哉！"

七十八

子墨子游，魏越曰："既得见四方之君，子则将先语？"

子墨子曰："凡入国，必择务而从事焉。国家昏乱，则语之尚贤、尚同；国家贫，则语之节用、节葬；国家憙音湛湎，则语之非乐、非命；国家淫僻无礼，则语之尊天事鬼；国家务夺侵凌，即语之兼爱、非攻。故曰：择务而从事焉。"

七十九

子墨子日出曹公子而于宋，三年而反，睹子墨子曰："始吾游于子之门，短褐之衣，藜藿之羹，朝得之，则夕弗得，弗得祭祀鬼神。今而以夫子之故，家厚于始也。有家厚，谨祭祀鬼神。然而人徒多死，六畜不蕃，身湛于病，吾未知夫子之道之可用也。"子墨子曰："不然。夫鬼神之所欲于人者多：欲人之处高爵禄，则以让贤也；多财，则以分贫也。夫鬼神，岂唯擢季拑肺之为欲哉？今子处高爵禄而不以让贤，一不祥也；多财而不以分贫，二不祥也。今子事鬼神，唯祭而已矣，而曰'病何自至哉'，是犹百门而闭一门焉，曰'盗何从入'。若是而求福于有怪之鬼，岂可哉？"

八十

鲁祝以一豚祭，而求百福于鬼神。子墨子闻之曰："是不可。今施人薄而望人厚，则人唯恐其有赐于己也。今以一豚祭，而求百福于鬼神，唯恐其以牛羊祀也。古者圣王事鬼神，祭而已矣。今以豚祭而求百福，则其富不如其贫也。"

八十一

彭轻生子曰："往者可知，来者不可知。"子墨子曰："籍设而亲在百里之外，则遇难焉，期以一日也，及之则生，不及则死。今有固车良马于此，又有奴马四隅之轮于此，使子择焉，子将何乘？"对曰："乘良马固车，可以速至。"子墨子曰："焉在矣来！"

八十二

孟山誉王子闾曰:"昔白公之祸,执王子闾,斧钺钩要,直兵当心,谓之曰:'为王则生,不为王则死!'王子闾曰:'何其侮我也!杀我亲,而喜我以楚国。我得天下而不义,不为也,又况于楚国乎?'遂而不为。王子闾岂不仁哉?"

子墨子曰:"难则难矣,然而未仁也。若以王为无道,则何故不受而治也?若以白公为不义,何故不受王,诛白公然而反王?故曰:难则难矣,然而未仁也。"

八十三

子墨子使胜绰事项子牛。项子牛三侵鲁地,而胜绰三从。

子墨子闻之,使高孙子请而退之,曰:"我使绰也,将以济骄而正嬖也。今绰也,禄厚而谄夫子,夫子三侵鲁而绰三从,是鼓鞭于马靳也。翟闻之,言义而弗行,是犯明也。绰非弗之知也,禄胜义也。"

八十四

　　昔者楚人与越人舟战于江，楚人顺流而进，迎流而退，见利而进，见不利则其退难。越人迎流而进，顺流而退，见利而进，见不利则其退速。越人因此若埶，亟败楚人。

　　公输子自鲁南游楚，焉始为舟战之器，作为钩强之备，退者钩之，进者强之，量其钩强之长，而制为之兵。楚之兵节，越之兵不节，楚人因此若埶，亟败越人。

　　公输子善其巧，以语子墨子曰："我舟战有钩强，不知子之义亦有钩强乎？"子墨子曰："我义之钩强，贤于子舟战之钩强。我钩强，钩之以爱，揣之以恭。弗钩以爱则不亲，弗揣以恭则速狎，狎而不亲则速离。故交相爱，交相恭，犹若相利也。今子钩而止人，人亦钩而止子，子强而距人，人亦强而距子，交相钩，交相强，犹若相害也。故我义之钩强，贤子舟战之钩强。"

八十五

　　公输子削竹木以为，成而飞之，三日不下。公输子自以为至巧。

子墨子谓公输子曰："子之为也，不如匠之为车辖，须臾斩三寸之木，而任五十石之重。故所为功，利于人谓之巧，不利于人谓之拙。"

八十六

公输子谓子墨子曰："吾未得见之时，我欲得宋。自我得见之后，予我宋而不义，我不为。"

子墨子曰："翟之未得见之时也，子欲得宋，自翟得见子之后，予子宋而不义，子弗为，是我予子宋也。子务为义，翟又将予子天下。"

公输篇

八十七

公输般为楚造云梯之械，成，将以攻宋。子墨子闻之，起于齐，行十日十夜而至于郢，见公输般。

公输般曰："夫子何命焉为？"子墨子曰："北方有侮臣者，愿借子杀之。"公输般不说。子墨子曰："请献十金。"公输般曰："吾义固不杀人。"

子墨子起，再拜曰："请说之。吾从北方闻子为梯，将以攻宋。宋何罪之有？荆国有余于地，而不足于民，杀所不足，而争所有余，不可谓智。宋无罪而攻之，不可谓仁。知而不争，不可谓忠。争而不得，不可谓强。义不杀少而杀众，不可谓知类。"公输般服。

子墨子曰："然，乎不已乎？"公输般曰："不可，吾既已言之王矣。"子墨子曰："胡不见我于王？"公输般曰："诺。"

八十八

子墨子见王，曰："今有人于此，舍其文轩，邻有敝舆，而欲窃之；舍其锦绣，邻有短褐，而欲窃之；舍其粱肉，邻有糠糟，而欲窃之。此为何若人？"王曰："必为窃疾矣。"

子墨子曰："荆之地，方五千里，宋之地，方五百里，此犹文轩之与敝舆也；荆有云梦，犀兕麋鹿满之，江汉之鱼鳖鼋鼍为天下富，宋所为无雉兔鲋鱼者也，此犹粱肉之与糠糟也；荆有长松、文梓、楩、楠，宋无长木，此犹锦绣之与短褐也。臣以王使之攻宋也，为与此同类。"王曰："善哉！虽然，公输般为我为云梯，必取宋。"

八十九

于是见公输般。子墨子解带为城，以牒为械，公输般九设攻城之机变，子墨子九拒之。公输般之攻械尽，子墨子之守圉有馀。公输般诎而曰："吾知所以距子矣，吾不言。"子墨子

148

亦曰:"吾知子之所以距我,吾不言。"

楚王问其故,子墨子曰:"公输子之意,不过欲杀臣,杀臣,宋莫能守,可攻也。然臣之弟子禽滑厘等三百人,已持臣守圉之器,在宋城上而待楚寇矣。虽杀臣,不能绝也。"楚王曰:"善哉!吾请无攻宋矣。"

九十

子墨子归,过宋。天雨,庇其闾中,守闾者不内也。故曰:"治于神者,众人不知其功;争于明者,众人知之。"